历－史－与－风－景

陈祖恩·著

洋泾浜北边

上海人民出版社

目 录
CONTENTS

都市的晨钟

都城饭店位于上海商务运输及银行之中心，极为重要，堪称为适应现代需要之商业旅馆。都市晨钟，唤醒了旅人的上海之梦。

玉兰树旁的乐善堂

工部局大院后面的乐善堂，清末中日文化交流的名所。借玉兰花为名的诗社，汇聚众多文人，真实地记录了那个时代的图景。

上海西式医院之首创

仁济的宗旨是"仁术济世"，仁者存心，济世利众。其位于英租界中心地段，离法租界也不远，成为都市的急救中心。

杏花楼的欢宴

杏花楼是上海历史最悠久的粤菜馆。很多人赴宴，不注重美味而重欢聚的情谊，因而在杏花楼的宴会上，玩乐、唱酬，乃沪上的生活世相之一。

弄堂里的旅馆

那时的大上海，辖区其实很小，在江苏地图上只是一根火柴头的位置。弄堂里的江苏旅社，是旅客的安乐乡，凝聚着江苏人的上海情结。

茶肆与"野鸡窝"

福州路是上海的风化街，作为茶肆的青莲阁，会来许多红红绿绿的雏妓，如花蝴蝶一般往来不息，和茶客眉语目成，渐渐成为招揽游蜂浪蝶的场所。

繁庶地段的菜场

四层建筑的福州路菜场，可与虹口菜场媲美。其楼上工部局乐队的排练，则是上海街区的一景。

正丰街之角的旅社

以前的旅馆，设于车站、码头附近，外地旅客一下车、船即可到达旅社，固然便利，但是车站、码头并不在市中心，中央旅社选址，更注重旅客下榻后的交通便利。

六马路的格致书院

北海路，东至福建路，西至西藏路，一条很短的马路，旧称是"六马路"。被誉为"科学之家"的格致书院就诞生在那里。

·144·

舞台竞争出天蟾

为何取名天蟾舞台，公开的声明说因新新舞台旧址形似天蟾，因名之天蟾舞台，但是当时社会流传着另一种说法，即以月蟾为商标，旨在舞台竞争中，取"蟾宫折桂"之意。

·156·

云南路上的秘密机关

在白色恐怖的腥风血雨中，这个党中央重要的秘密机关历时三载，始终安然无恙，这也是中共中央早期在上海活动时间最长的一个核心机关。

·170·

风光一时的"国片之宫"

中央大戏院，风光一时的"国片之宫"，但是由于一些国产片粗制滥造，自毁前途，不得不改变方针，后因新颖电影院不断涌现，最终沦为二轮电影院。

·182·

被遗忘的仁济堂

云南路的仁济堂是纯粹的民间慈善团体，那幢平房已不复存在，然而，慈善伟业不是以高大建筑物为标准的，人们不会遗忘高贵的人性。

·194·

"远东"的五光十色

20世纪20年代的华商旅馆业经营者适应国际潮流，注重采纳欧美物质文明之长处，适应旅客之时代需求。旅馆是都市的一扇窗户，折射出社会的五光十色。

·206·

东方饭店的晒台

东方饭店时有"巍峨雄壮巨厦"之称。入夜以后，电炬与霓虹灯光芒映射出这淡黄色建筑物之轮廓，更加诱人。东方饭店的晒台，是从西藏路方向观看跑马厅的最佳观景点。

·218·

"大中华"的时代剧

大中华饭店的屋顶采用当时最盛行的纯东方色调，代表"大中华"的乔皇。当行人经过该地段时，映入眼帘的必然是大中华饭店庞大的建筑物和硕大的霓虹灯。

·230·

一品香：从番菜馆到旅社

番菜馆，即西菜馆、西餐馆，上海领风气之先的是一品香饭店。饭店兼营旅社事业，亦从一品香开始。"到一品香吃大餐"为一种时尚，宴请、婚礼以及带有重要政治议题的聚会，自然优先选择一品香。

后记

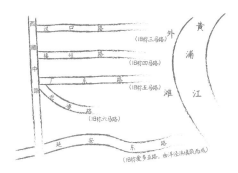

序

本书是"历史与风景"系列的第二本。南京路、洋泾浜北边、上海地标，三片色彩斑斓的树叶飘落，绘成"十里洋场"的历史地图。

都市上海的定义，源于都市与县城、城镇的区别。开埠将上海纳入世界的潮流，租界是在荒芜土地上建立的近代都市。洋泾浜，一条消失的水路；爱多亚路，曾经的都市大通道。英国总会、仁济医院、三井洋行、格致书院，无不是上海的风气之先。所谓海派文化，不是在县城的墙内，而是起源于洋泾浜的中外交流，从无中断的融合与进化造就其开放宽容的性格，这才是海派文化真实之根骨。

都市的繁荣，森林般的高楼大厦固然是一个标志，但主要是市民的聚集及生活的丰富多彩。在洋泾浜北边的商业中心，居民住宅鳞次栉比，街角的烟火气旺盛。都城饭店的钟声，弄堂里的旅馆，杏花楼的欢宴，竞争中的天蟾舞台，慈善团体仁济堂，富庶地段的菜场，无不体现着市民生活的兴盛。有人说，"上只角"是上海的灵魂，西南的高档住宅区固然有其精华，但沪江人情、市民生活、街角人文，西风东渐的传承，才是上海的真正灵魂。无法想象，当大楼遍地崛起，原住民散尽，都市的灵魂何在？因此，当我们在洋泾浜北边散步，那一抹记忆的亮色，会从百年前的历史中迎面扑来。

旧时的旅馆，设于苏州河、黄浦江码头附近，旅客一下船，即可到达旅社，固然便利，但是码头并不在市中心，旅客下榻后的生活便利，成为选址的要素。东方、大中华、远东、中央，均是位于上海闹市的大旅馆。巍峨雄壮巨厦，旅馆大迁移，既体现了洋泾浜以北街区的地段优势，亦是旅人上海梦的开始。

上海是一个移民城市。异乡人来到上海，南腔北调，但有浓厚的都市情结，注重自己的上海人身份，不会轻易说"你们上海人"，更无"新上海人"的表白。身份认同源于传统文化的传承和对土地、生活的感恩，也是故乡情结在都市的表现。"新月派"诗人邵洵美是浙江余姚人，他说："我爱上海，便是因为它与我的关系太密切了：此地有我的老家，有我的新居。它是一部我的历史。"正是这样的身份认同，加速了上海的都市魔法功能，人人都努力书写自身的都市生活史。

文字叙述历史，步行丈量现实。街角的灯火，生活的温度，城市源远流长的魅力。洋泾浜北边，虽然历经时代风雨，但城市轨迹与生脉，不正期待人们的正视吗？

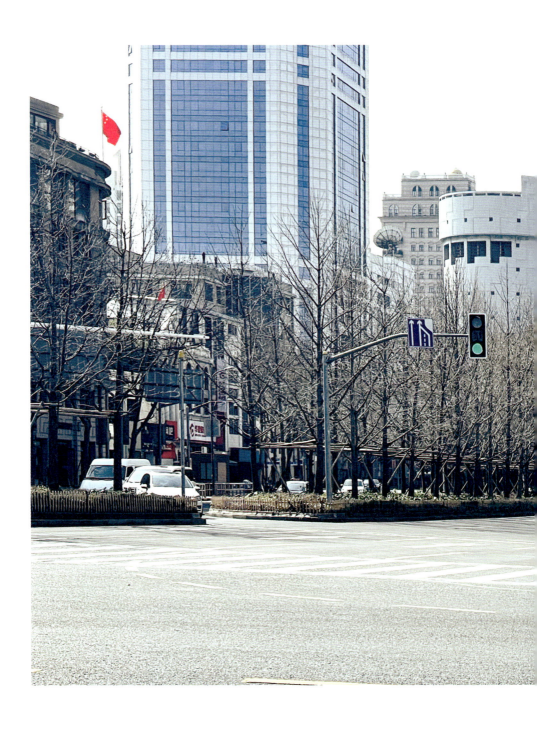

洋泾浜是英、法租界的界线，贸易要道
也是不可思议的沪上文化地标
图为今外滩的延安东路入口

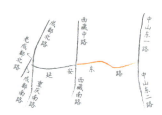

回望洋泾浜　一道传奇路

原为河流，今延安东路

站在外滩天文台边，游人大都会向北观望，陶醉在沪上特有的江天相连的绿地、万国建筑群的景色中，很少有人会回望逶迤曲折的延安东路，追忆洋泾浜的传奇历史。

洋泾浜，黄浦江支流，浦东地区称东洋泾浜，浦西地区称西洋泾浜。一般所称的洋泾浜，指的是西洋泾浜，即东起黄浦江，西接周泾（今西藏中路），长约两公里，宽不足20米。明清时期，这条小河是上海县城北门外护城河以北的第一条河流。

上海开埠以后，英法租界陆续开辟。法国第一任领事敏体尼在洋泾浜与县城之间租了一间房，作为公署。其向上海道提出设立法租界的要求，选择的地皮位于上海县城与英租界之间，东临黄浦江，南北有洋泾浜和护城河，交通十分便利。敏体尼看中这片土地，主要的理由是：一、交通方便，三面都有可航行的水路，这对于转运物资极为重要。二、靠近商业中心。虽然上海居民会有所转移，趋势有利于英租界，但当时商业中心仍在上海县城，在靠近县城的地方建立租界乃是绝妙的一招。

法租界设立后，洋泾浜介于英法租界之间，英法各自沿河修筑了一条道路，北岸称松江路，南岸称孔子路。小刀会起义平息后，法租界召开第一次租地人大会，独立自主地进行市政建设，显示法租界行政管理的独立性。自 1856 年起，洋泾浜上陆续建造了许多桥梁，有利于英法租界之间的交通。首先修建连接法租界外滩和英租界外滩的外洋泾桥，桥长 69 英尺，宽 30 英尺，桥洞有三个，最大的宽 30 英尺。桥用新加坡木料造成，两头以花岗石块砌成，全桥耗资 2000 银元。此费用的公摊办法：凡坐落外滩和洋泾浜附近的地产，每亩抽银八两五钱；凡是离得远些的地产，则每亩抽银五两五钱。二洋泾桥（四川路），是一座很美的中国式石桥，两端有三四级宽的石级。郑家木桥（福建路），又称陈家木桥，是美国基督教监理会传教士泰勒造的，亦称泰勒氏桥。桥头有一条小路，与该处弯成弓形的洋泾浜正好配成一条弓弦。此外，洋泾浜上还有三洋泾浜桥（江西路）、东新桥（浙江路）、带钩桥（又称打狗桥，山东路）、三茅阁桥

（河南路）等。时有"洋泾浜畔柳千条，雁齿分排第几桥。最是月明风露夜，家家传出玉人箫"的咏叹。

在租界划定的最初几年，洋泾浜的北边，新洋房、大仓库，如雨后春笋耸立起来，但法租界区还保留着中国城郊的面貌。1860 年以后，洋泾浜南岸开始修筑马路，纵横交叉。从上海事务溯源的角度来看，上海历史上的"第一"，很多来自洋泾浜地区。如第一个华洋会审机构是洋泾浜北首的理事衙门，成立于 1864 年 3 月，审理原告为外人的民事案件。第一块法国商人租到的土地，是洋泾浜旁的空地，面积为二亩三分九厘五毫，在 1849 年 1 月 8 日，由雷米洋行以每亩 160 千文的租价承租。第一家大阪商人开设的杂货商社吉田号，在 1887 年开设于洋泾浜法租界一侧。第一家茶楼是三茅阁桥东首洋泾浜上的丽水台，即后来的纱布交易所地址，约在 1863 年。

上海开埠初期，居民用水都在苏州河、洋泾浜中汲取，早晚两潮上涨，相率而往，洋泾浜上的带钩桥、郑家木桥，均为取水要道。那里附近的道路，全用碎石砌成，既可防汲水者滑倒，又可免道路因水淋而坍坏。福建路连接苏州河、洋泾浜的南北两个水道，路面也全用碎石砌成，因而又称石路。

由于洋泾浜里积了许多淤泥，每次涨潮时淤泥都泛上来，从 1863 年开始，法国公董局主张填没，但工部局主张疏浚，理由是：这条河是天然的防线，公共租界不能放弃。最初，这个理由还存在，但是随着租界大扩张以后，持反

右图 1　从气象塔西望延安东路
右图 2　外洋泾浜桥
右图 3　清末的洋泾浜一带

1
—
2
—
3

对意见的只剩南京路上的大地产拥有者，他们担心开辟这条新的交通要道会影响南京路的商业，其结果会降低他们地产的价值。

1914 年，两租界因浜水污浊，有碍卫生，且浜上架桥，交通上也不便，遂决定填浜筑路，是年 6 月 11 日动工，至翌年完成，为当时上海最宽的马路。路以英王爱德华七世之名命名，但用法文拼写，中文译名为爱多亚路（今延安东路）。东口的外滩天文台，则报告风暴方向，使航海者预知趋避。

因原洋泾浜的河道弯曲，爱多亚路建成后，马路亦蜿蜒延伸，成为上海道路最初主要由水路形成的例证，对于上海交通发展具有重要意义。上海旧县城、英租界、法租界，初为三个独立的地域，并无联络。英租界与美租界的联络，自苏州河架桥接通开始，英法租界将洋泾浜填塞筑成爱多亚路后，南市亦填塞护城河、拆除城垣，筑成中华、民国两路，于是上海的南北交通始有局部改善。由于商业中心在东部，而居住区逐渐向西部延伸，租界内的交通自东向西为总枢纽，爱多亚路与福煦路（今延安中路）相连，北京路与爱文义路（今北京西路）相连，公馆路（今金陵东路）与霞飞路（今淮海中路）相连，南京路与静安寺路（今南京西路）相连，这四条自东向西的道路成为上海租界的主要交通干线。

洋泾浜，在老上海的生活里，是地标性的称呼。王廷珏编

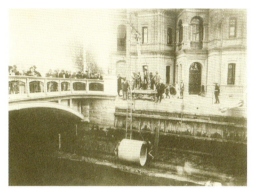

的《实用上海话》问答第六课就出现了"洋泾浜"。当然，课本里的上海话，是真正的上海本地话：

> 甲：难，明白者，地头去起来，交关远哩。

> 乙：是呀，伊条河，就是黄浦，地头是洋泾浜，英租界搭法租界个隔界地方，南面是法租界，太古码头、招商局码头，都拉地条路上，一直过去就是十六铺，北面是黄浦滩，有电车路，一直通到杨树浦拉。

作为移民城市的上海，语言极为庞杂，各省人均有其乡音土语，通行者是本地的上海话，音近吴侬。商场里则多宁波、绍兴话，而一般北方普通官话，则各界均流行。洋泾浜作为上海对外贸易的一条重要河流，由于中外商人语言交流不便，逐步形成以沪语结构为主，夹杂着英文词汇的洋泾浜英语。马健行说："沪上一隅地，华洋错处，不啻为五方元音之大都会，加以吾国语言庞杂，襆被来斯土，莫不禀其固有之乡白，因之楚传齐咻，日久熏染，别成一种类似隐语之方言，流行于下级社会，颇占势力，亦犹英语之有洋泾浜话也。"（《闲话上海》，1940 年）

洋泾浜英语是一种不可思议的概括化的语言。刘半农（1891—1934）是现代诗人，也是语言学家。1920 年，他在英国伦敦写了一首《教我如何不想她》的著名情诗，推广了"她"，中文本无这种用法，刘半农模仿英语 she 而推广，将"她"字入诗。对于洋泾浜话，刘半农也有言简意赅的评论："据说当初这一种话，只是洋泾浜里的撑船的，和外国人交际时用得着它，故有此名。现在是洋泾浜已经填去了，说这话的，也已由撑船的变而为包探、买办、跑街、跑楼之类，所以洋泾浜话一个名词，只是纪念着历史上的一件事罢了。……这种话的构造，用字与文法方面，都是华洋合璧，而且都有些地域性的，因为上海的洋泾浜话，上海话的分子很多。"当然，由于上海的宁波商人很多，洋泾浜英语中的宁波话成分亦多。

洋泾浜这类不中不西的特别话，沪上尽人所知。有一首流行歌，生动地表达了洋泾浜英语的有趣："来是'康姆'去是'谷'，廿四铜钿'吞的福'，是叫'也司'勿叫'拿'，如此如此'沙咸鱼沙'。"

作为教育家、语言学家、翻译家的陈望道（1891—1977）对于洋泾浜英语有精辟的评论："所谓洋泾浜英语，大体就是学得了几句英语语汇还未学会英语语法的人创造出来的一种语言。这种'洋泾浜式'，会在中国人学英国语的时候出现，也会在英国人学中国语的时候出现，牧师祈祷时候用的大体就是洋泾浜中国语。""洋泾浜式的说法不但在这一国人学那一国的语言的时候会出现，就在同一国度里面，由习惯于这一种语言的人去写别一种语言的时候也会出现。""我们现在都说'吃了饭去'的地方，《水浒》差不多全都写成'吃饭了去'，那就是文言'食饭而去'的单改词汇不改语法的洋泾浜说法的一个例。"

20 世纪 30 年代，英国剧作家萧伯纳（1856—1950）访

华时，在会见记者时也有一段有趣的回答："我并未习得华语，我一字不知，但我对洋泾浜语，颇感兴趣，因大半文字，太受文法拘束，洋泾浜语却无此弊，我相信此语或将来成为未来的世界语。"当记者说华文在实际上不讲文法时，萧伯纳说，然则，华文将来或可成为世界语吧！萧伯纳是以说笑话闻名的，答记者问后来汇入题为《谈笑声打成一片》（光明书局 1934 年版）的书籍里。

洋泾浜，一条消失的水路。爱多亚路，曾经的都市大通道。那么多年过去了，人们慢慢忘记了爱多亚路，却记住了洋泾浜。回望历史，洋泾浜与上海都市形成的起点相连，具有很强的生命力。

$\dfrac{1}{2}$

建于 1910 年的英国总会大楼
具有古典主义的外观
其内装是日本异才设计师下田菊太郎留给上海的永恒纪念

第一家西人俱乐部

外滩 2 号，原英国总会，今华尔道夫酒店

19 世纪 60 年代，洋泾浜北边的外滩，出现了一座"东印度"式的木结构三层建筑，其外墙用红砖镶砌，临江的每层都设有阳台式的长廊，中央高处有山墙压顶。进出这座建筑的都是衣冠楚楚的西洋人，在长廊里，他们悠闲地品尝杜松子酒，观赏小舢板在黄浦江中摇曳。

这座红色的建筑被称为"上海总会"（Shanghai Club）。英语"Club"的早期中文译法是"总会"，"俱乐部"是日本人对"Club"的新译，现在已被普遍采用。当时，上海的英、法、美、德等国的俱乐部都译称"总会",唯独日本的名称是"俱乐部"。上海总会,其实是上海第一家西人俱乐部,亦称英国总会、大英总会。

俱乐部文化起源于英国,这是源于英国上层社会的绅士社交场所,俱乐部的内部陈设十分考究,除了精美的装潢外,还设有餐厅、酒吧、图书室、娱乐室等。在传统的英国俱乐部里,英国绅士良好的教养、优雅的品位都可以得到充分体现。在英国社会,一个人拥有知名俱乐部的会员资格,在某种程度上是其社会地位的一种象征。当然,英国也有一些不可思议的俱乐部,如伦敦有一家鼻子俱乐部,只有大鼻子有资格参加。平鼻者不服气,也成立一家平鼻俱乐部,所有会员都是平鼻,每次举行宴会时,都备乳猪一头,由厨师割下猪鼻作为开宴大典。

上海开埠不久,以英国为首的西方侨民为适应自己的生活方式,组建了各种西人俱乐部。这些俱乐部,不仅是多功能的娱乐场所,也是侨民进行交流甚至议事的理想去处。黄式权在《淞南梦影录》(1883 年)中写道:"西人与朋友聚集之处,谓之总会。沪上法总会在法大马路,英则在四马路东首。每值安息之期,怒马高车,如云而至。簪裾冠盖,座上常盈。或打弹子以消闲,或拉风琴而奏曲。或杯邀红友,别寻酒国之春;或几倚青奴,共索花间之句。以至围棋蹴鞠,跳跃高歌,任意嬉娱,毫不拘检。惟华人之寓沪上者,虽意兴飞扬,终不能问津至云。"

早期上海的英国俱乐部主要有三家：乡村总会、上海总会、上海跑马总会。刚来上海的英国人安顿好以后，就要考虑加入哪一家俱乐部。

英国总会的地皮原属英国兆丰洋行，英侨为有一个自己的社交和娱乐场所，获得兆丰洋行大班福格出让洋行的三亩半土地后，又向上海运动事业基金会（The Recreation Fund）贷款 32900 两银子，于 1864 年建成此楼，次年 3 月 24 日正式开始活动。英国总会有大小餐厅、弹子房、棋牌室、图书室、酒吧间，是当时西洋人在上海最高级的社交场所。英国人非常讲究衣冠整洁，即使在炎热的夏天，也提倡"穿着整齐，男士才显得精神"。他们常常说："衣着不整，低人一等。"英国总会实行会员制，会员必须在上海居住六个月以上，以英国人为主，非会员外籍人士必须在会员的陪同下方可入内消费。

英国总会不仅是向西方侨民提供多功能娱乐的场所，也是他们集会议事的地方，当时有人写道："巍巍总会建高房，体面西商尽到场。日正午时开大菜，沪江有事此评量。"1879 年 5 月，美国前总统格兰忒（U.S.Grant）游览上海，上海外侨在英国总会召开盛大的欢迎舞会。舞会从晚上 10 时半开始，至凌晨 4 点钟结束，共有 200 多人参加。

1909 年，英国总会的建筑拆除重建，1910 年建成新的大楼，地下一层、地上五层，钢筋混凝土结构，建筑面积 9280 平方米，耗资 45 万两银子。上海的地基不结实，一

右图 1　早期的英国总会，雪中的风景

右图 2　早期英国总会附近的外滩

般淤泥层深达约 20 英尺。在架设苏州河木桥时，一名打桩工人只是敲了一下，就把桩子深埋至淤泥之中，看不见了。因此，一般人悲观地认为在上海是不能造高楼的。最初解决这个问题的是一种将高层建筑物安放在地下土层混凝土横排上的方法，以此作为支撑建筑物的稳固基础，而上海总会新大楼是这种建筑方法的第一次尝试。

英国总会的外观呈英国古典主义式，底层大门口装置铁架大雨棚，外墙除勒脚、柱为石料外，均为水泥仿石墙面。入口处有塔司干立柱，底层是滚球场，一层是酒吧、阅览室，二层是西餐厅和宴会厅，三、四层是旅馆，五层是员工宿舍。宴会厅与客房有贯通两层的爱奥尼克式的古典立柱，墙面饰有巴洛克特征的山花浮雕。酒吧间的吧台长达 34 米，用意大利大理石精制，并有 5 米高的橡木护壁，为当时远东最长最豪华的酒吧柜台。吧台在尽头转弯，与黄浦江并行，这一段是银行和洋行老板的包座，除非得到他们的邀请，一般会员不能在那里饮酒。霍赛在《出卖上海滩》中说："你如果到里边小饮，你总会遇到几位上海的大班，而快到午餐之前，你大概能会到上海所有的大班，因为洋行大班大多数是在这总会里边吃午饭的。"在总会住宿的人，早餐有欧式烩饭、熏肉和鸡蛋。冬天有稀饭、吐司面包和牛津果酱。刚印好的报纸随时送到。

新建的英国总会由英商马海洋行设计，具体设计者是英国皇家建筑师学会会员塔蓝特（T. Tarrant）。室内设计者则是有"建筑界的异才"之称的日本建筑师下田菊太郎

右图 1　34 米长的吧台，曾是远东之最
右图 2　透过窗户，昔日可看到黄浦江的船桅

$\dfrac{1}{2}$

（1866—1931）。下田菊太郎是日本最早获得美国建筑家
协会资格的建筑师，回国后，他将在美国学到的钢筋水泥
结构的技术在日本运用。针对当时西洋风一边倒的日本建
筑界，下田菊太郎提倡将欧美风格与日本风格相结合，从
而组成日本建筑的独特风格，但当时日本建筑界主流派无
视他的观点。下田菊太郎设计的原香港上海银行长崎支店
大楼是他在日本留下的唯一建筑，而英国总会的室内设计
是他留给上海的永恒纪念。

作为上海外侨上流社会的社交和娱乐场所，英国总会最初
拒绝中国人和日本人加入。甲午战争以后，日侨尽管在上
海获得治外法权而成为租界的参与者，但也未能融入西方
人的上流社会，能加入英国总会的仅有"在华纺织同业会"
专务理事船津辰一郎和"联合通信"上海支局长松本重治
等少数人。船津辰一郎（1873—1947）于 1889 年来中国
学习汉语，1894 年通过日本外务省留学生考试，1897 年
起在上海、南京等地日本领事馆任职，1921 年 12 月任日
本上海总领事，1923 年调任奉天总领事，1926 年离开外
交界，任在华纺织同业会专务理事。1927 年任上海工部局
董事，1934 年 9 月辞职。工部局董事会成员"都赏识他那
文雅有礼的风度、正确的判断力以及他的机智和谦恭"。正
由于船津辰一郎有如此的绅商风度和人格魅力，英国总会
的厚重大门才会向他敞开。松本重治能成为英国总会会员
则是凭借了英商麦迪逊商会的帮助。他在《上海时代》中
回忆道："午餐前，只要守在吧台或大门，总能够碰到我所
想要找的人，并与他们共同探讨一些工作上的问题。虽说

右图一　新大楼落成的典礼
右图 2　20 世纪 30 年代的英国总会

是酒吧或是俱乐部，但和银座的那些是截然不同的地方，绝看不到欢场女子的踪影，调酒师也是清一色的男子。"

1915 年 3 月 24 日下午，英国总会为成立五十周年纪念，举行庆祝典礼活动，会场周边饰以盟国国旗，陈设极其华丽。四时开茶话会，由菲律宾乐队演奏，五时半，英国驻沪总领事法磊斯演讲，并为英皇乔治五世的半身小像揭幕。英国总领事在演讲中说，总会起初原为英人而设，继而容各国人入内，成为同纳四海之人的场所，可见英人的大度。然而，蒋梦麟在《西潮与新潮》的回忆录里说，上海的繁荣虽然应该归功于外国人的工商活动，但是许多洋人在上海生活了几十年，中国对他们来说却依然是个"谜一样的地方"，"他们的俱乐部拒绝华人参加，似乎没有一个华人值得结识"。"他们自大、无知、顽固，而且充满种族歧视，就是对于他们自己国内的科学发明和艺术创造也不闻不问，对于正在中国或他们本国发展的新思想和潮流更无所知。他们唯一的目标就是赚钱。"

蒋梦麟先生是从中国学究的私塾走进西洋自由学府的人，认识不少住在上海的洋人，也听过不少关于他们的故事，因而他的发言是有依据的。

右图　华尔道夫酒店，原英国总会

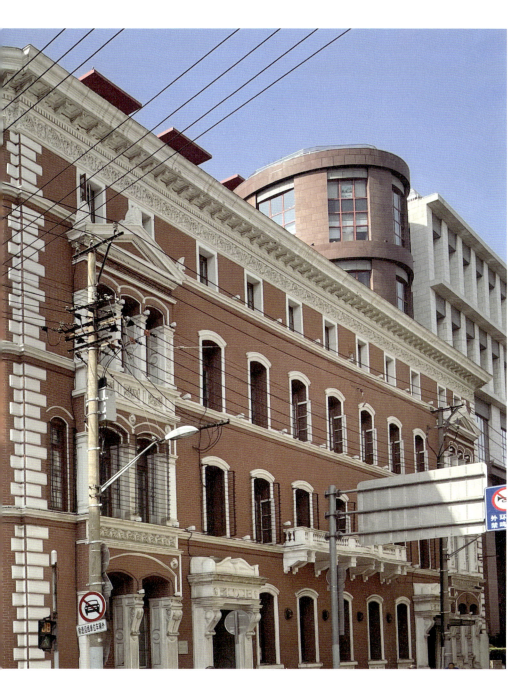

三井洋行上海支店大楼，是当时少有的四层洋房
在 20 世纪初的外滩周边 "高人一等"
见证了日商在上海活动的历史

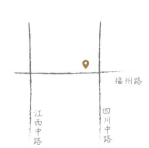

最早进入上海的日本大商社

四川中路 181 号，原三井洋行上海支店大楼

1903 年，在福州路、四川路转角，一幢意大利文艺复兴式
的大楼落成。虽然只是四层洋房，但与当时一街之隔的外
滩二三层建筑相比，依然高出一头。直到 20 世纪 20 年代
外滩高楼陆续崛起，它才默默地隐退于后街的转角里。

这幢建筑是三井洋行（三井物产株式会社）的上海支店大
楼。外滩的日本大楼不少，如横滨正金银行、三菱商事、
日清汽船、三井银行、住友银行等。在日本的大商社里，
最早进入上海的是三井洋行。

19世纪70年代，当日本零售商人进入上海的时候，日本大商社也发现了对华贸易的优势，开始有步骤的投资活动。1877年12月，三井洋行在组建后的第二年就进入上海，在广东路6号设立支店，这是三井洋行在海外开设的第一家支店。

上田安三郎是三井洋行的首任上海总经理，被称为是对华贸易的"先觉者"。1855年2月，上田安三郎出生于长崎市浦五岛町。15岁到在长崎居住的美国人罗伯特家里帮佣。罗伯特是费城的实业家，庆应二年（1866年）来日本，与井上馨和伊藤博文等相识，并与三井创设人益田孝成为好友。1873年9月，上田在罗伯特帮助下赴美留学，三年后回到日本。回国时，正逢三井洋行创立，被益田孝聘为最早的职员之一。次年7月，上田奉命来上海进行开设支店的准备工作，住宿于南苏州路与圆明园路交界处的日本小旅馆。到达上海后，上田拜访瑞士商人布里奈，并得到他多方面的帮助，支店最初就设在布里奈商会里。在布里奈等人介绍下，上田分别和汇丰银行（香港上海银行）、轮船招商局及其他有势力的外商和中国商人建立联系。同年11月8日，三井洋行上海支店正式成立。上田的月工资为25日元，交际费10日元。为开拓业务，上田率领公司职员穿着如印度巡警一般的皮靴，一家一家地上门兜售，交通工具就是双腿。好在那个时期上海租界的范围并不大，步行一天，可以拜访好几家客户。

早期上海日侨的生活方式，与租界的西方城市文明氛围相比，给人的印象是衣着粗糙，行为奇异。一些人穿着浴衣，光脚穿木屐在都市街头散漫地行走；有的日本妇女在码头下船时，衣裙经常被大风吹起，白腿尽露，引起西洋人对日本服饰不文明的非议；还有人"在墓地前吊起灯笼，铺上毛巾，运来酒肴，还弹起三味线，影响他人"。这些生活方式和风俗习惯，受到西洋人排斥，被视为"野蛮人"的行为。

以上田为总经理的三井洋行上海支店在从事经济活动的同时，也承担大公司的社会责任，积极进行各种文化教育活动，提高日侨的文明素质。1882年（明治十五年）7月，三井洋行上海支店创办《上海商业杂报》，这是上海最早的日本期刊。1890年（明治二十三年）6月5日，上海最早的日本报纸《上海新报》（周刊）创办，后援单位是三井洋行，该报宗旨是"以新闻发行来尽发展日中贸易的梦想"，大量刊登有关日侨在上海发展经济、文化事业的信息，还开辟了有关中国情况和商情的专栏，使日侨增广见闻、增加了解、增进感情、增强互信，起到了调节日侨社会和谐的机能。

在公司管理方面，上田安三郎不仅严格要求职员学习外国的商业法则和商业道德，而且十分注重他们的日常礼仪和穿着打扮。他每周一次和职员一起进餐，让他们学习西洋就餐的礼仪。新职员刚刚进入上海时，"有些人穿着便装的和服直接坐在地毯上，在支店长的脚边卑微地行礼。或是将肉食放在刀面上直接送入口中"。上田安三郎看到这些人的模样非常窘迫，戏称为"船夫的吃法"。经过上田的言传身教，三井洋行上海支店职员在服饰礼仪和社交风度

右图 1　首任三井洋行上海总经理上田安三郎

右图 2　20世纪 20 年代的三井大楼

上，都展现了日本大公司职员的形象魅力。1883 年（明治十六年）来上海就职的福井菊三郎后来回忆说："以前在上海，日本人的地位非常低，总是不被外国人放在眼里。但是，上海支店长上田的美国式社交法使外国人不敢再小看日本人。"1892 年 4 月 8 日，上田乘坐"西京丸"离开工作了 16 年的上海，临别时，职员们出资赠送一个金酒盅以作留念。

三井洋行刚在上海设立时，采取西方洋行在中国的通常做法，即将商品经销权交给中国买办，由他们寻求销路，而买办商人一般依赖内地商人扩大内销市场。1898 年，益田孝决定培养"中国通"，取代中国买办经销三井商品的实权。为了培养"中国通"，三井洋行在上海等地设立商业实习生学校，将日本的初高中毕业生送来学习，学期三年。同时，又从公司职员中挑选部分工作经验丰富者作为修习生，到中国全职学习三年。这些三井洋行实习生和修习生来中国以后，穿普通中国人的衣服，与中国家庭生活在一起。为了鼓励他们更亲密地与中国人接触，对于与中国女性结婚的人员，给予特别奖励。经过如此培训，三井洋行的"中国通"，不仅能说流利的中国普通话，还能说地方土话，与当地中国人几乎没有区别。这些人员不仅在外表上与中国人相似，思维方式也与中国人接近。这样，极容易取得中国商人的信任，并可很方便地获取有关中国商品流通的详细情报。

与一般贸易商不同，三井洋行在中国从事贸易的同时，还拥

右图　三井总经理办公室

有自己的码头、仓库，开设纺织、制油等各种工厂。如果说，沪西小沙渡地区是日本资本在一张白纸上绘成的纺织工业基地，那么，沪东杨树浦则是日本纺织业在与欧美资本及华商角逐后形成的又一基地。1902 年 12 月，三井洋行集资收购华商兴泰纱厂，聘请日本人技师森静、高木千代太郎、正木音杏、阴山又吉、西山政吉等人进行管理，乃称兴泰纱厂。1905 年，三井洋行又在杨树浦租办华商大纯纱厂。大纯纱厂原名"三泰纱厂"，"三泰"的"三"字与"三井"的"三"字相通，租办后取名"三泰纺织有限公司"。经过一年租办经营，因收益甚佳，便于 1906 年收购该厂。以上述两家工厂为基础，1908 年三井洋行组建日本上海纺织有限公司，并将兴泰纱厂改名为上海纺织第一工厂，将大纯纱厂改名为上海纺织第二工厂，这是杨树浦地区最早的日本纺织工厂，也是日本资本进入中国纺织业的开始。

为进一步融入中国人的生活，三井洋行与中国商家一样，重视月份牌广告的人情化，聘请中国画家绘制具有鲜明中国文化特征的月份牌，图文并茂，具有令人愉悦的审美功能，表现手法充满人情味，还尽力拉拢与政府和民间的感情，在一定程度上满足了中国民众的审美观，并发挥宣传推销日本商品的功能。例如在 1930 年发行的月份牌贺岁广告，以"民国万岁"为标语，将日商的丝、绢、绸产品与中国古代传统服饰巧妙地联系在一起，让中国民众对这些商品产生亲近感。此外，在宣传人造丝商品的广告中用甜蜜的母子形象，配上中国的风景，还特地用"洒伊"（惬意）的上海话，贴近上海市民的日常生活。

右图　三井洋行的广告（1930 年）

三井洋行大楼的设计者，是当时活跃在上海的建筑师平野勇造，被列为著名的 13 名外国人设计师之一。

1864 年（日本元治元年）11 月，平野勇造出生在日本青森县大畑新町。1883 年，平野勇造乘长崎屋的货船偷渡到美国旧金山，在那里一边洗碗挣钱，一边学习建筑学，经过多年努力，终于从加利福尼亚大学毕业。当时的日本留美学生中，后来不少人成为日本社会的精英人物，如纺织业开创者、《时事新闻》社长等。1890 年，平野勇造回到日本，开设自己的建筑事务所，成为东京爱宕山五重塔的主任建筑师。次年，五重塔的成功建成使平野勇造名声大振。以后，他又参加东京丸之内大楼的设计。1899 年，平野勇造进入三井洋行，不久到上海工作，后来开设自己的建筑事务所。作为留美的日本建筑设计师，平野勇造在上海显示了"脱亚"的卓越才能，除了三井洋行大楼外，位于今黄浦路的原日本上海总领事馆、位于杨树浦路的日本裕丰纺织工厂厂房和附属建筑、位于复兴中路的三井洋行上海总经理别墅等均是他的作品。

洋泾浜北边，外滩的风水宝地，紧随英商的脚步，日本商社欲与欧美并肩的劲头不弱。

右图　大楼设计师平野勇造的全家福

都城饭店是离江海关（今上海海关大楼）最近的旅馆
从饭店阳台眺望外滩
仿佛时光回溯，钟楼依稀如昨

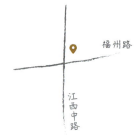

福州路

江西中路

都市的晨钟

江西中路 180 号，原都城饭店，现锦江都城经典酒店

1933 年，《建筑月刊》（六卷一期）曾刊登一张照片，由都城饭店十层高耸入云的走廊眺望外滩的江海关，展现了摩天大厦的都市美景。

20 世纪 30 年代，上海人口日益增多，地价飞涨，为在"寸金地"容纳更多的人口，建筑向空中发展，建造少占地的摩天大楼是城市规划的新思路。摩天高楼用钢筋水泥构成，备有电梯、暖气等种种物质文明的设备，富丽华美，象征着上海的繁荣之势。

都城饭店设有二百余房间，外围的房间有阳台，倚栏远眺，本埠四围景色，历历如绘。地下层备有休息室、大餐厅、美国式酒吧。一楼的宴会厅，可容三百人。都城饭店由英商新沙逊洋行旗下的华懋地产公司投资建造，英国资本占72%。新沙逊总部设在南京路沙逊大楼，除了都城饭店以外，华懋饭店、安利饭店、汉弥尔登大厦、河滨大楼等均为该洋行所有。维克尔·沙逊生于印度，其父与叔叔在上海经营时，规模并不大。第一次世界大战时，英国因财政拮据，征税奇重，沙逊乃将大量资产移来上海。沙逊跛一足，有人戏称他往往"姗姗来迟"。他的办公室位于沙逊大厦三楼之极东一端，可俯瞰黄浦江轮船的出入。他常常手持电话，观测时变，发号施令，以此为得意。

都城饭店因位于上海商务运输及银行之中心，故极为重要，堪称为适应现代需要之商业旅馆。上海的重要集会大多假座于此，而周游世界之旅客，亦大多下榻该店。

汽车进入上海的历史始于1901年，当时一个名为李恩斯的匈牙利人携带两辆汽车到上海，这是上海最初的小汽车。小汽车，上海人称为轿车，有其高贵之含义。随着上海城市建设的发展，汽车日益成为重要的交通工具，至1927年，增加到13000辆。福特公司看中上海的汽车发展的商机与市场，1932年7月15日，在上海展示最新式V形八缸车，共有轿车、跑车、篷车、双门车、四门车、自动天窗等14款新车，颜色鲜艳，式样精致，令市民大开眼界。是晚8时，上海福特汽车公司在落成不久的都城饭店招待

来宾，席间还放映福特八缸新车及福特在巴西种植橡胶树等有声纪录片，加深市民对福特汽车及其相关产业的了解。

意大利工程师伽利尔摩·马可尼是世界上第一个使用无线电发送跨越大西洋信号的人。1896 年在英国获得无线电发报的专利，1897 年设立马可尼公司，为英国最早专门制造无线电器材的公司。1933 年 1 月，南京国民政府向马可尼公司购买无线电设备，并派卢宗澄等四名工程师赴英实习六个月。同年 3 月 13 日，马可尼公司驻华代表理查在都城饭店设宴欢送中国工程师赴英学习，并称中英两国间不久将有最新式高速无线电通报，电台将建在真如、浏河之间，其钢桅下月可运到，年内可合成。此次四名工程师赴英实习，旨在研究装置无线电设备之精深技术，学成回国

右图 建造中的都城饭店

右图 1 1933 年，刊登在《建筑月刊》的照片

右图 2 2021 年，在相同角度从阳台眺望海关钟楼

右图 3 观景的旅人

后，可以无线电学识培养国人。11月，四名工程师学成回国，调整测试由马可尼公司购进的无线电设备。卢宗澄后任上海国际电台工务主任，先后组织开通中国至瑞士、英国、美国、日本、德国等无线电话电路，进一步扩大国际通信范围和增强国际通信能力。同年12月11日，马可尼在上海访问期间，亲临真如国际电台，并与在场人员合影留念。

国际扶轮社始于1905年，是全球性的慈善团体。上海扶轮社成立于1919年，著名画家徐悲鸿曾是扶轮社社员，担任过两次副会长，他在《成功之路》（1931年）中写道："扶轮社者，为世界商界及有事业之人之团体也，会员每星期宴会一次，席间，有音乐及他种娱乐以助兴，每会恒有演说，演说毕，乃散会。该社殆为互助及联络感情起见而设。"都城饭店建成以后，扶轮社将办事处设立在那里，并将饭店作为聚会与演讲的定点场所。1935年2月12日，国际扶轮社创设人哈立斯、社长海尔及国外扶轮社社员几十人访问上海，上海扶轮社在都城饭店发起欢迎运动，当天晚九时，上海市市长吴铁城出席并致欢迎词。13日上午，由工部局总董邀请哈立斯赴胶州公园植树。中午，扶轮社假座都城饭店宴会厅，举行社员例会，并请哈立斯和海尔演讲。1940年5月23日中午，扶轮社在都城饭店举行海外美国贸易周活动，法国大使馆商务参赞赛伦斯、加拿大政府商务专员德克洛、美国驻沪领事史密斯等均在会上发表有关美国贸易周的演讲。1941年5月8日中午，扶轮社在都城饭店，邀请曾任南洋公学监院的著名教育家福开森讲演，因参加者踊跃，特别发布通告说明，外埠社员如请

右图　位于上海商业中心的都城饭店

上海商业中心地
Commercial Centre Snanghai.

宾友参加，须事先电话联系，方可预留座位。

伍连德（1879—1960）是我国著名医学家、公共卫生学家，是中国检疫与防疫事业的先驱，也是火葬事业的积极推动者。1930 年 7 月，全国海港检疫管理处在上海成立，伍连德任该处第一任总监兼全国海港检疫管理处处长。在上海工作期间，伍连德对于提倡火葬极为热心，被上海市政府聘为市火葬场筹建委员，并筹建中国火葬协会。1936年 6 月 29 日，伍连德博士为组织上海火葬协会的历史性演讲在都城饭店宴会厅举行。伍连德在讲演中，提出由上海火葬场筹备委员会发起成立中国火葬协会，以资推行提倡，该会的宗旨：一、推广卫生化、经济化、美术化之葬法；二、协助政府及人民利用现为坟墓所占之土地，改种农产，政府可得税收，人民可得进账；三、与当地政府合作建立美术化火葬场，以供欲火葬者之需要，并求适合吾国固有习惯及风俗；四、努力宣传火葬之利益；五、设法联络世界各国之同类团体，将来成立后，甚望各界热心提倡人士，踊跃加入。伍连德的演讲推动了上海火葬事业的发展，同年，上海市政府确定江湾上海市公墓前面的公地作为火葬场基地，计有 20 亩。全部建造费为 6 万元，市政府拨款 2万元，伍连德博士筹集 1 万元，其余 3 万元由王一亭、杜月笙等委员向办理掩埋棺柩工作之各慈善团体劝募。

1945 年 8 月日本投降后，上海市政府返沪恢复办公，盟军人员和联合国办事机构频繁活动，都城饭店成为上海时事的中心。

右图　锦江都城经典酒店，原都城饭店

8 月 28 日，美军飞机两架，其中一架为 B17 型空中堡垒，共载 24 人，其中记者、摄影师 10 人，其余均为飞行员和军事人员，飞机临沪上空，先在空中盘旋一周，作飞行表演。此为太平洋战争后，盟军军事人员第一次正式莅沪。美军人员宿泊地就在都城饭店，闻讯赶来的市民早已聚集在饭店内外，美军人员非常兴奋，向市民抛赠回力球，凡有市民要求在签名本上签名留念的，全部满足。

同年 9 月，上海市政府在抗战胜利后恢复，第一批上海市政府暨淞沪警备司令部要员 18 人于 9 月 5 日抵沪。第二批市政府参事、专员、秘书及警察局长、财政局长、卫生局长、工务局长等百余人，于 9 月 8 日分乘运输机十架，由重庆飞抵大场机场。当晚 8 时，先期抵沪的副市长吴绍澍在都城饭店设宴洗尘，并事先将都城饭店二楼全部房间及扬子饭店六、七、八层全部房间辟为招待处，供抵沪官员居住。市长钱大钧则于 9 月 9 日下午 3 时抵沪。

1946 年 2 月 6 日下午，联合国善后救济总署中国分署署长奥尔姆斯坦中校在都城饭店举行新闻招待会，报告中国分署对中国援助、帮助恢复生产与生活的要点。

1946 年 4 月，英国皇家飞机"嘉君斯特号"，以 8 小时 30 分，从印度加尔各答直抵南京，全程 2010 英里。飞行员从南京转飞上海，降落在龙华机场，住宿在都城饭店。

同年，在都城饭店住宿的要人还有：联总驻华分署新署长艾格顿少将（在都城饭店举行中外记者招待会），美国哥伦比亚大学教授、国际问题专家裴雯博士（在复旦大学演讲），远东国际军事法庭中国法官梅汝璈及美国法官希金斯（在沪收集图书资料，以供法庭审判参考）等。

都城饭店，离海关钟楼最近的旅馆。都市晨钟，唤醒了旅人的上海之梦。

左图　曾在都城饭店发表重要演讲的伍连德博士

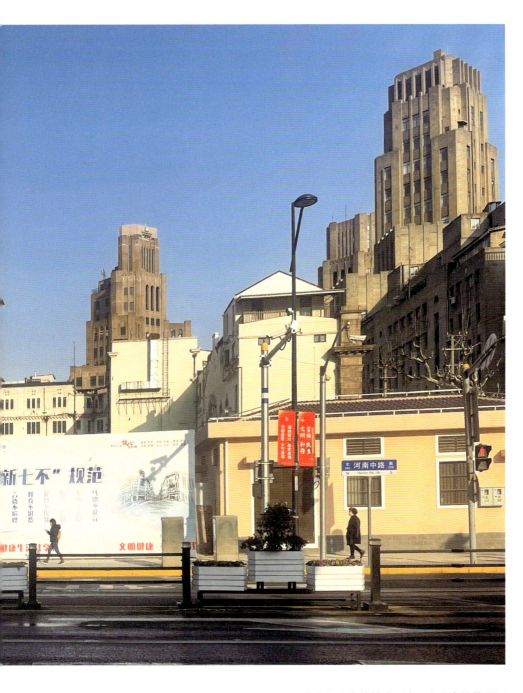

小小一家书药铺成了中日文人友谊的见证
建筑今虽无存，但上海的玉兰仍年年盛开
图为今河南中路、福州路交叉口

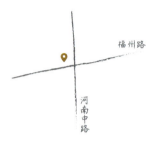

玉兰树旁的乐善堂

河南中路、福州路交叉口，原建筑无存

1880 年 3 月，河南路（近福州路）沿街的一幢二层砖瓦洋房，挂起了"乐善堂书药铺"的店招，并有"承运东西两洋各种药材，从廉批发"的广告。此房位于工部局大楼的后门，从楼上可看见工部局大院里那棵硕大的玉兰树。创办乐善堂的是日本冈山出身的文化商人岸田吟香，乐善堂不久就成为上海的名所。

岸田吟香是以平文博士的助手和日本印刷人的身份首次来上海的。1863 年 5 月，岸田吟香为了治疗眼病，访问了美国医生和语言学家平文博士（James Curtis Hepburn, 1815 — 1911）在横滨开设的"医馆"。此时，平文博士正在编撰一本日英辞书，名《和英语林集成》，这是日本最早的辞典。对西洋文化有浓厚兴趣的岸田吟香开始协助平文博士，做编辑助手。同时，向平文博士学习眼疾的医疗与眼药的调剂技术。1866 年 9 月，在岸田吟香的协助下，平文博士完成《和英语林集成》的编撰工作。但是，由于当时日本不具备近代活版印刷的技术，平文夫妇带着岸田吟香，一起乘船到上海，将书稿交给美华书馆印制。

1866 年 9 月 15 日，平文夫妇和岸田吟香一行抵达上海。他们在上海居住了近 8 个月。岸田吟香在上海利用美华书馆的设备制作日语的假名活字，并负责印刷的校对工作。1867 年 5 月，《和英语林集成》在上海印制完成，这不仅是日本英学（日本关于英语国家的研究）史上的重要文献，在近代日本语资料方面也具有重要的价值。

岸田吟香最初来上海的时候，上海几乎还没有日本人定居，只有极少数的日本访者，因而他特别受到上海的关注，人们亲切地称其为"东洋先生"。同时，一大批急需打开国际市场的中国画家、收藏家、画商等，纷纷与他交往，将其奉为座上客，给予特别礼遇。当时，上海画派不仅是多种流派荟萃一堂，也日益融合了城市的商业化，"各省书画家以技鸣沪上者，不下百余家"。在上海画家中，胡公寿与张子祥是日本人心目中的代表人物。并不出名的日本印刷人岸田吟香，在上海能够结识张子祥、胡公寿等许多知名画家，以及后来成为中国驻日公使何如璋副手的张斯桂，与中日文化人彼此欲求重新认识的开放环境有关。

1867 年 4 月，在岸田吟香离沪前夕，张斯桂特意在豫园湖心亭设宴为其饯行。湖心亭是上海文人的高级宴客地。席中，张子祥应张斯桂邀请，作画《淞江送别图》，赠送给岸田吟香，以资留念。张斯桂则在画上题词，表达了难忘的友情。张斯桂的弟弟张斯椿也在画上题词，他特别指出："吟香先生立品端方，择交慎重，接谈之下，温厚可亲。"当时，岸田吟香的收入有限，他非常想收藏上海名家的书画，但是，"虽然想要在回去前，能拿到他们的一张画也好，可是我的情况没有改变，一直与金钱无缘，实在很困扰"。这次在湖心亭能获赠张子祥的作品，应是张斯桂的功劳。

1867 年 5 月 1 日，岸田吟香与平文博士一起回日本。作为协助编辑、印制《和英语林集成》的酬报，平文博士授予他有关眼药精锜水的配制秘方。得到平文博士的承诺，岸田吟香开始调剂、销售眼药精锜水。1868 年 2 月，他以"卖药郎"身份第二次到上海，与小东门外的"瑞兴号"和洋泾桥的"万祥号"签约，将其作为销售眼药精锜水的代理店，店头挂上"东洋岸田吟香先生监制眼药水精锜水寄卖"的金字招牌。

1880 年，岸田吟香正式来上海创业的时候，情况已经有了很大的变化。首先，岸田吟香已不是平文博士的助手、一个无名的日本印刷人，而是担任过《东京日日新闻》主笔、

右图 1　乐善堂书药房
右图 2　岸田吟香
右图 3　在上海印制出版的《和英语林集成》

1 | 2
— | —
 | 3

1│2

总编辑的著名新闻人。而中日两国在 1871 年建立外交关
系后，上海设立日本总领事馆，三菱商会开设上海至横滨
的航路（1875 年），东本愿寺上海别院设立（1876 年），
三井洋行进入（1877 年），上海的日侨已近 200 人。

上海作为各国商品贸易必争之地的市场优势，激发了岸田
吟香到上海发展事业的热情。1880 年 1 月 21 日，日本
《邮便报知新闻》刊登一幅插图广告，岸田吟香以漫画的形
象出现在图中，他得意地说："我今日乘出航的邮船'东京
丸'到中国去扩大销售精锜水。"同年 3 月 13 日，乐善堂
正式开张。岸田吟香为了接近上海大众，特意按中国姓名
一般三个字的特点，将名字改为"岸吟香"。

乐善堂离上海申报馆很近，步行不到十分钟。《申报》创刊后，聘用熟知上海情况的华人主笔主持编务，他们注重言论和新闻，扩大广告的刊登范围，并免费发表中国文人的诗词、短文、时论等作品，吸引了很多读者。经过十几年的努力，到19世纪80年代中期，《申报》完全成为由中国人主持的上海较完备的新闻出版中心。以《申报》的主笔为中心，《申报》开辟"吟坛"专栏，形成海上文人的活动圈。活跃在"吟坛"的海上文人有一百多人，以高悞轩（太痴生）、何桂笙（高昌寒食生）、王韬（弢园老民、天南游叟）、王恩溥（甬东小楼主人）、袁祖志（仓山旧主）、黄协埙（字式权，原名本铨，号梦畹，别署鹤窠树人、海上梦畹生、畹香留梦室主）、钱昕伯（雾里看花客）等为著名。其中高悞轩、何桂笙、黄协埙、钱昕伯等人先后为《申报》主笔。作为著名新闻人，岸田吟香深知上海第一大报《申报》的社会影响力，对《申报》"吟坛"有强烈的兴趣。他以文人的方式，将其设在乐善堂楼上的书房取室号名"借楼"。对此，岸田吟香称："人生斯世，顾何往而非借哉。春之花，秋之月，虽非我之所有，何不可借以写心胸。"

岸田吟香具有明治西式新派的绅士风度，"容貌丰伟，虬髯蔽面。而赋性纯厚挚实。其学综贯东西，无所不窥兼工临地。尤善篆刻。中年以后，虽厕身市井，然好搜集异书，中外秘籍，古今逸乘，满架皆是，日夕枕藉乎其间，手释手卷，最邃于舆地、药物二学"。因此，他在上海特别受敬重。1884年春，《申报》主笔黄协埙在"弢园先生处一见之"，就敬佩岸田吟香的"徇徇儒雅"，赞其"不愧前辈风流。与

左图1　日本《邮便报知新闻》的插图广告

左图2　乐善堂的药品广告

之谈诗，颇有见到处，亦彼国中翘然负异者也。"

"弢园先生"即中国著名的思想家王韬（1828—1897），他曾游历欧洲，1874 年在香港创办《循环日报》，宣传变法自强，1884 年回上海，主持格致书院，撰有许多时论文章。"才气横溢，下笔辄数千言，尤熟外洋时事。"许多上海文人都是经其介绍与岸田吟香相识的。从此，乐善堂的"借楼"成为海上文人的活动中心。

岸田吟香与中国朴学大师俞樾也有极深的交往。1882 年秋，岸田吟香委托俞樾编选《东瀛诗选》，俞樾费时 5 个月，至次年春编成《东瀛诗选》44 卷，收录诗五千余首，交由日本出版，成就中日文化交流史上的一件大事。岸田吟香 36 岁时与小林胜子结婚，由于长子病弱，1885 年得次子的时候，非常兴奋，特地请俞樾为次子起名，俞欣然为之取名"艾生"，后在《申报》发表诗句："吟香居士年逾五十始得一子，乞余命名，余以五十日艾，故名之日艾生，而赠以诗：半百才闻雏凤鸣，此儿台以艾为名。请看二十余年后，争向东瀛访艾生。"

1888 年春，岸田吟香在乐善堂的"借楼"发起成立"玉兰吟社"。那天，"借楼"后面的工部局大院玉兰花盛开，他高兴地说："其借此以畅吟怀哉！"乃邀集上海名流十余人，设立诗社，众人推荐王韬任社长，并请他取社名，王韬即命以玉兰吟社。"日本岸老吟香，自创玉兰吟社，召集海上诗人，每月两集，把酒高谈，分题觅句"，"是月必举行一二次，诗篇如冬笋焉"。

1889 年 2 月，因岸田吟香将返回日本，王韬召集玉兰吟社全体成员在其沪北自宅"淞隐庐"举行送别会。席间，岸田吟香拿出日本画家盐川一堂所绘《春江送别图》，请吟社诗人题咏，《申报》主笔黄协埙当即题诗，以盛事相称，并以"春江送别图记"为题，在《申报》第一版发表为岸田吟香送行的文章。

上海开埠在先，日本开国随后。此时此景，真实地记录了那个年代中日文人友好交流的图像。同时也证实了一个重要的历史经验：良好的国家关系、宽松的社会环境和开放的民族文化心态，对于各国文化交流来说，在任何时候都是十分重要的。

左图 清末棋盘街，今河南中路（延安东路至福州路）两侧一带

朴素庄严，不加装饰
这就是仁济医院大楼的设计品位
图为今仁济医院

上海西式医院之首创

山东中路 145 号，仁济医院

1844 年（清道光二十四年）2 月，即上海开埠后的第二年，英国伦敦布道会传教士雒魏林（William Lockhart, 1811—1896）在东门外开设上海第一家西式医院，10 月迁往小南门，初名中国医馆。此为仁济医院创设之初基，江南一带之有西式医院设置，亦自仁济开始。仁济的宗旨是"仁术济世"，仁者存心，济世利众。

雒魏林早年在伦敦盖氏医院学习，曾任利物浦一家诊所的外科医生。1838 年被伦敦布道会派驻中国，1839 年年底到广州，加入中华医学传道会，并襄助派克医生所办的慈善医院。1843 年 12 月他与传教士麦都思同时抵达上海，均在东门外赁屋居住。雒魏林创设仁济医院，而麦都思创设的"墨海书馆"则为外国人在中国设立的第一家印刷所。

仁济医院诞生的那一年，在上海的英国人仅有 35 人，他们居住在南市城外沿黄浦江一带的民房里，房屋缺乏建筑之美，卫生条件很差，生活极其艰苦。英国人曾写道："我们常常在早晨醒来的时候，发现自己困在给雨淋透了的被褥里面；天一下雪，雪便从窗缝里吹进来，积在地板上冻住了。"

正是在这样的条件下，仁济医院开始了以"西法治华人"的历程。1846 年，医院首次筹款，即得 2281.47 元，全由外侨商界所捐，用以建筑最初的院舍。翌年冬，院产归英侨组织的保管委员会执管。保管委员会为医院的最高机关，负经营全责，其成员由英籍商人及专家组成：葆脱（隆茂洋行总经理）、白士德（伦敦圣教会代表）、韩立（卜内门公司总经理）、李德尔（平和洋行总经理）、爱立斯顿（秘书）。此外，医院另设总务会议，为行政工作的总枢纽，每月举行会议一次，委员每年由捐款人代表选出。总务会议之下有院务会议，辅以财务、资产、机械、房屋、捐款五部。在职员系统方面，院长为首领，负责执行保管委员会与总务会所决定的一切方针，院长均由名医担任。西籍职员概由伦敦教会委任。后期的华人医生，均系国内名校如圣约翰、上海医学院、同济、同德等医科毕业生，

1｜2

还有一些是海外留学生。历年以来，该保管委员会本其服务宗旨，日益扩大业务，俾上海贫病之人，谋得其治疗之所。因此，私立医院一变而成为公众所共有之医院。

"博施济众，中外一体，无分畛域，华人获益者多。"由于来诊者纷纷，伤者立愈，病者获痊，声誉日隆，原有的房屋不敷应用，为适应需要及谋日后发展，于1873年公议集资建设新馆，场地选择洋泾浜北边的麦家圈地方，当时英领署的空地作为院址。麦家圈，即今山东中路两侧一带，系因麦都思居住过那里而得名。新馆于1874年春竣工，为两层洋楼，下为医室，上分病房，可容纳70人。新馆工料共银5882两，系各方捐助，以西人出资为多。新馆的设计系由英国青年建筑师亨利·雷士德（1840—1926）

左图1　仁济医院

左图2　山东中路的街景

右图1　仁济肇始时的房屋

右图2　早期的仁济医院

承担。他于 1867 年来到上海，最初在英租界工部局任职，负责租界的城市规划和建设监督。当时河南路作为英租界西部界线，首次测量工作是由雷士德完成的。同时，他也曾在法租界公董局市政处工作，并协助出版过上海法租界的第一张地图。为新馆设计，也是雷士德与仁济结缘的开始，后来，他将遗产 100 万及数处房产捐给了仁济。新馆的建筑直至 1929 年改建新高楼时，才同时拆除。

1798 年，英国医生爱德华·詹纳发明以种牛痘预防天花的方法，七年后在广州试行。上海最早的施种牛痘，则是 1846 年由仁济的雒魏林医生开始，先是为华人种牛痘，后为驻沪英国军官的家眷施种。此后流传遐迩，造福人群，此为上海种痘之嚆矢。自 1872 年开始，仁济进一步策划推广免费种痘，工部局卫生处特备 300 元奖励金。

仁济的施医方针是解救痛苦，提高人民健康标准，并灌输人生之大道。对于病者之费用，则视其经济情况而定，量力而行，尽可能地做慈善工作，因而有洋泾浜北边贫民的"避难之城"之称。如在 20 世纪 30 年代，门诊仅收铜板 15 枚，住院普通病房一天六角，包括一切食宿医药等费。施行大手术，则视病家能力所及，酌收微资，贫困者全部免费。实际上，病员的住院费是每天两元六角左右，一个普通病人住院一个月的话，则需花费七八十元，显然是一般市民难以承受的。仁济为此推出优惠政策，完全免费的占 45%，每天付六角的占 40%，每天能付一元至三元或超过三元的，占 15%。当然，仁济的背后有各方赞助，中

右图　仁济医德十二条

外各界人士对于西医进入上海，救治患病的华人，莫不慷慨解囊，积极捐助。华人亦是积极捐助者，据 1941 年 9 月 24 日统计，华人捐款约占全部捐款总额的 45%，创仁济有史以来之纪录。

仁济医院位于英租界的中心地段，离法租界也不远，成为都市的急救中心。随着上海人口的增多与交通的发达，所谓游人如织，车马如梭，马路上横罹惨祸之事故也迅速增长。据 1928 年统计，上海的交通事故，平均每天 20 起，每 3 天有 8 人受伤，1 人死亡。在此情况下，急诊救治的工作一刻不容忽略，而仁济承担特别繁忙的急救工作，一天 24 小时，无时无刻不有外界车辆送病人来院。因车辆肇祸受伤而入院治疗者，从 1911 年的 279 起，增至 1935 年的 2077 件。仁济收容伤员，并无贫富之分，待遇一律平等。急诊室也委派年富力强的医生。如 1922 年的夜班急诊主任陈葆初医生，曾在第一次世界大战时任英法军医，在前线救治伤员，经验丰富。

仁济附属的护士学校，为我国最早的护士学校之一。蓝白色护士服，给人以严整清洁的印象，一与其业务之纯洁高尚相配。学校要求护士们"不要学上海小姐的样子，而要发扬爱的力量，为人群服务"。该校的女护士大多是基督徒，"病人以身病备受折磨外，心灵间亦难免一种痛苦，为护士者，应以基督爱人之心，解除病身心双重之惨痛"。（《仁济医院护士学校毕业典礼盛况》，《申报》，1935 年 5 月 15 日）全面抗战开始后，该校特设专班，训练战时救

右图　护士学习包扎

护工作，造就救护人才，为报国效力。

仁济医院迁入山东路以后，曾于1911年对楼房进行翻造整新，但是依然不能满足日益增长的就诊量。1929年，医院在接受雷士德的馈赠后，在原址拆除旧屋，建造新的医院大楼。在建造期间，医院移至法租界天主堂街，各部医疗工作照常，从没有中断过一天，临时医院直至迁入新大楼后才停止工作。

1931年圣诞节前夜，新六层大楼落成。圣诞节当天，全部医院迁入新楼工作。大楼由德和洋行设计，钢筋混凝土结构。外部空间为三边相围呈"凹"状，中间的缺口形成一个广场。建筑外墙用褐色面砖和浅灰色的假石，没有非功能性装饰。屋顶为厨房，六楼为职员宿舍，五楼大半充医药研究院之用，四楼有手术室四所、妇孺病房，一楼为病房及产房，二楼为X光与手术室、配药室、特别病床及牙耳鼻皮肤等科诊室，妇女门诊室、男子门诊室及急诊室等均在一楼。仁济将门诊、辅助医疗、住院、教学、宿舍等全部集中在一座大楼内，是上海早期集中式医院的典型。

根据雷士德的遗嘱，医院不设置为华贵者特定的单人住院病房（隔离病人除外），应免费接纳贫困和急需住院的病人，并免除一切医疗费用。医院大部分为普通病房，病房也大多设计在朝阳处。病房共有床位256个，每室2—8床。亦有16床的房间，平时利用率达80%以上。

右图 仁济医院的外观

仁济医院为纪念雷士德，遂将雷士德名字加在"华人医院"名称之上，称为雷士德华人医院，但是普通市民仍称"仁济医院"或"麦家圈医院"，鲜有知改名之底蕴。

一则《申报》记者的特写，描述了仁济的 24 小时，"住院两百多人呻吟与生命挣扎，每天有千数市民来解除痛苦"，此为 20 世纪 30 年代上海医院的真实一幕：

> （本报特写）深夜，十二点钟，山东路上六层大厦的仁济医院，病房里还是灯火通明，两百多个病人在为生命挣扎，有的静悄悄地睡了，有的还在梦呓，呻吟……
>
> 大铁门外传来一阵马达声和汽车喇叭声，一辆急救车驶到了。门房里电钮一撳，急诊室、门诊间和医师休息室三处的铃声大震，值夜的医师护士精神马上紧张起来，开始动作。
>
> 抬进来的病人有三四十岁年纪，脸色惨白，汗珠儿直流，两手擦着腹部，"痛呀痛呀"的直叫。陪来的家属，大概是他的妻子吧，急得像热锅上的蚂蚁。
>
> 病人抬进急症室里去了，十几分钟后，医师走出来说，这是急性盲肠炎，要马上开刀。

右图一　仁济医院新大楼

右图 2　仁济医院的捐赠人雷士德

1 | 2

杏花楼乃是沪上历史最悠久的粤菜馆
来此赴宴，在美食之余，更重娱乐唱酬之趣
图为今杏花楼

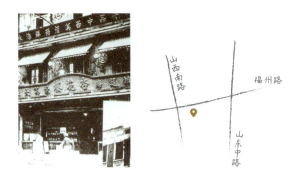

杏花楼的欢宴

福州路 343 号，杏花楼

粤菜在上海，为酒菜业的巨擘，杏花楼是上海历史最悠久的粤菜馆。早期是普通的两层立帖式民房，现存建筑是1928 年翻造的，为四层钢筋水泥结构，一楼是门市部，二至四楼均为宴会房间，二楼西部有宴会厅。

福州路、山东路一带，为上海的热闹区域，杏花楼具有粤菜与地段的双重优势，生意长久不衰。但是，很多人赴宴，不注重美味而重欢聚的情谊，因而在杏花楼的宴会上，玩乐、唱酬，乃沪上的生活世相之一。

杏花楼所在的福州路，又称四马路，即旧上海有名的文化街和风化街，各色妓女出没之地。一些人在杏花楼聚餐，醉翁之意不在酒。杏花楼包厢挂有粤花名牌，上书"粤花一览"，下书妓名，客可按图索骥，书条传唤。局票与其他菜馆微有不同，上首冠有"征歌"两字。粤妓出局侑酒，多自弹自唱，故侍女必挟一洋琴（或胡琴）随来。南京路丽华公司，亦为粤商经营。1929 年春天某晚，为酬谢往来各行号及本公司职员，丽华公司假座杏花楼大宴众宾。二、三楼全包，不下四五百人。主办方为娱客起见，特招粤妓以助兴，三楼正中设一台，为粤妓会唱处。"钟鸣七下，华诞初开，粤花连翩莅止，在台上一试歌喉，佐之者有广东八音班、大锣大鼓，声震屋瓦。"上海小报以"粤花开遍杏花楼"作为新闻标题，吸人眼目。据报道，粤妓中佼佼者有小金钟、小宝宝、小金宝等，众妓歌毕，即持局票向账房领取袁大头一枚而去。有转局者，则趋客前略一周旋，客予以现金一元，粤妓亦不称谢，回身便走。有人因此不满：粤妓"不若海上花界之着意温存，甚至打情骂俏，了无规矩"。

某著名营造厂主，亦在春夜设宴于杏花楼，来宾尽为沪上党、政、经、警、商各界名人。某桌九人以招妓侑酒取乐，另征粤妓半打。"倩馨、花碧侬"等粤妓赴局，或打扬琴而歌小曲，或操二胡而歌粤曲，但食客均非粤人，殊有莫名其妙之慨，其中仅有一人懂粤语，则其一人周旋于六妓之间。各妓一曲既终，稍坐即走，局资为每人一元大洋。粤妓一般不到十五分钟即离去，她们也有理由："十多年来百货都购贵了，但应征名花的局费，还依然是大洋一元。"

申报馆位于山东路，邻近杏花楼。1928 年 11 月 19 日中午，为庆祝出版二万号，在杏花楼举办十一桌的盛大宴会。来宾入座后，孙如娥等代表上海游艺总联合会前来表演，以示庆祝。首为孙如娥演唱苏滩的"大赐福""马浪荡""戏叔"等三戏，每出均获满堂掌声。当唱到"戏叔"时，戏中的杨雄高呼"家主婆出来"，不料厅后的茶房闻声，疑以为有客人呼唤，遂大声应曰："啊，来了！"引起哄堂大笑，演员亦不禁笑出声来。

梅屋庄吉（1868—1934），是日本最早的电影制作公司"日活"的创始人之一。1895 年，梅屋庄吉在香港首次见到孙中山，相互引为知己，并承诺"君若举兵，我以财政相助"。在孙中山革命生涯中，梅屋庄吉忠于友情，倾其家财，提供相当于今天的 1 兆日元的巨额资助。孙中山逝世后，梅屋庄吉花巨资制作四尊孙中山铜像赠送给中国。1929 年 3 月 4 日，梅屋庄吉偕妻女亲自乘"伏见丸"轮船护送第一尊孙中山铜像到达上海。同年 5 月 3 日晚 7 时，梅屋庄吉假杏花楼宴请中日新闻界人士。席间，梅屋庄吉发表演讲，并唱一首日本歌曲，意为中日互助。然后，梅屋庄吉取一纸，上书十余年来帮助中国革命事业的日本志士，如为辛亥革命牺牲的山田良政，以及宫崎滔天、萱野长知等。接着，又出示孙中山给梅屋的最后电文及在日赠予的照片，说同盟会的招牌亦尚置梅屋家里。最后，梅屋备有三种赠品：银制花瓶、总理半身铜像、总理平雕式遗像，用抽签法，赠予席中中签者。结果，《上海日报》获花瓶，《民国日报》获铜像，中华电讯社获遗像。

右图　杏花楼

潘序伦是"中国现代会计之父"，创建事务所、学校、出版社"三位一体"的立信会计事业。1929 年 11 月 21 日，在杏花楼宴请报界，即席谈述发起助学基金会的由来。其 14 岁时父亲去世，乃承南洋烟草公司简照南先生花巨金，选考赴美留学，赴美三年，先后获哈佛大学企业管理硕士、哥伦比亚大学经济学博士。学成回国后，服务社会，创立"潘序伦会计师事务所"，后借用《论语》中"民无信不立"之意，更名为"立信会计师事务所"。他说："清夜深思，生我者父母，教我者师长，而资我以有成者，盖简先生之力也。"为此，潘序伦出资一万元，为助学基金，以竟简先生兴学之志。当场有王志莘君，出资三千元，共同合办。基金会由董事会办理。

南国社是田汉创设的文艺团体，主要成员有欧阳予倩、徐悲鸿、周信芳等。1930 年 2 月 22 日，复旦大学教授洪深在大光明戏院观看美国喜剧演员罗克主演的电影《不怕死》时，当场在电影院发表演说，批判该片肆意丑化中国人，劝导观众勿再观看，后来将大光明戏院告上法院。3 月某日，法院谕令延期审理之晚，神州国光社在杏花楼宴请南国社全体社员，表示支援和慰问。席间，洪深大乐，起作滑稽步法，周信芳在旁提议曰："洪深先生既然反对罗克，不应作罗克之步法。"洪深乃大声曰："我学卓别林，我学卓别林。"席间，文学家黄素与洪深因敬酒问题，互相跪地磕头至二十余个之多。电影演员金德邻，则以红色小箭，飞射全室，学爱神之姿势，但其所射之的，则在洪深一人，洪大张其嘴曰："来，飞到我嘴里来。"田汉与洪深，是南

右图 3　杏花楼的宴会厅

右图 2　杏花楼的广告

右图 1　杏花楼的店面

国社的"一对海上鸥侣"，是夕，有卖曲者携胡琴入，两人乃借其琴，高唱数曲，其音激昂，若歌易水。轰动上海的"不怕死"事件，最后以大光明戏院公开登报道歉而告终。

1936 年 1 月 4 日晚八时许，梅兰芳在杏花楼二楼 6 号房间设宴，共二十余人出席。是日，梅兰芳穿毛葛长袍，态度至为大方。有人请女相士菱清为梅兰芳看相。梅时年 36 岁，菱清谓其自 26 岁交运起，一路皆长生运，鼻乃悬胆鼻，寻常人所无者，惜两耳招风，实为美中不足。梅问：何故？菱清曰：相书有云，两耳招风，花钱祖宗。梅大笑，旁听者亦大笑。菱清又言，梅之相有两子，梅拍手大呼高明，对旁人言，余先后已育六子，今所存者，确仅两子。又问菱清云："为何没有钱，将来怕要讨饭？"菱清莞笑。梅又出手请菱清相之，菱清称其虽聪明，无太老成，但处世宜随处谨慎，梅大称善。

1936 年 5 月 24 日晚七时，上海市教育局局长潘公展暨夫人唐冠玉女士，在杏花楼宴请来上海办画展的教育部司长顾荫亭，并邀请蔡元培、沈信卿、刘海粟夫妇、吴蕴初、米星如夫妇作陪。酒半酣，潘公展出楮墨，请刘、顾合作，遂由刘海粟泼墨绘柳鸟，顾荫亭补修竹。蔡元培酒后意兴尤豪，纵笔题诗云："老树如撄人，修竹乃吾友；若闻好鸟鸣，沸沸笙歌后。"沈信卿题云："择木而栖，既借一枝，愿虚尔心，以竹为师。"继作松鹰白云一帧，赠潘公展先生，由蔡元培题擘窠大字云："意在松石，义薄云天。下观齐州，如九点烟。"沈信卿亦题云："苍松如龙入云去，惊

鸟欲下将安之。"复由刘、顾合作三清一帧，赠米星如先生，蔡元培题句："白日嶙峋，长松夭矫，东南竹箭，尽容啸傲。"沈亦题曰："松竹皆吾友，顽石肖吾心；吾心究非石，聊复一长吟。"此日杏花楼宴会，文采风流，尽属一时俊彦，而挥管赋诗，雅人深致，诚上海艺坛之佳话。

吴铁城（1888—1953），原籍广东香山县（今中山市）三乡镇平湖村，出生在江西九江。1932 年 1 月，吴铁城任上海市市长，直至 1937 年调任广东省主席。"上海为华夏东方最大都市，吾粤民侨斯土者，士也工也商也仕也，为数逾二十万，蓄家室，长子孙，闻声而合，列宅而居，几视歇浦为珠江矣。"作为粤籍上海市长，对于粤商的事业，尤其是杏花楼的生意给予照顾是十分明显的。吴铁城在杏花楼请客，每月所费动盈万元。有人说五年来杏花楼的收入，一半来自吴铁城所赐。如 1935 年 4 月 26 日，吴铁城在市府欢宴美国经济调查局，宴席由杏花楼承办，客人有一百六十七之多，菜均为分食式，即粤菜西食，至所用膳具，均为仿古瓷器，为该楼自江西定制。杏花楼原用餐具皆为银器，吴铁城以外宾不重银器而喜瓷器为由，特嘱该店在江西定制全套瓷器餐具。上海粤菜馆备瓷器餐具者，仅杏花楼一家。

大年初一，杏花楼在屋顶燃放广东烟火。此项花炮，长达六丈，价值二百余元。广东烟火为上海街头的景观，易为市民所观赏，但楼内的欢宴，座客常满，樽酒不空，则为沪上生活的一幕。

右图　杏花楼的广告

藏在弄堂里的旅社，建筑风格中西合璧
亦见证了市井生活之众生相
图为江苏旅社旧址，现为民居

弄堂里的旅馆

江苏旅社，福州路 379 弄 50 号，现为民居

广东路上的宝善街，原是洋泾浜北边的热闹之地，时有竹枝词咏道："宝善街头似春海，冶游个个抖精神。应称第一销金窟，辜负嘉名愧楚人。"所谓热闹之地，其实就是戏院、茶园、妓院集中之地，其中以满庭芳戏院为著名。后来的热闹之地向一街之隔的福州路转移。

热闹之地，也是旅馆集中之地。最初的旅馆都称客栈，专供过路客人住宿，不过设备很简单，客人去住宿，概须自备被褥。后来新开的都改名旅馆、旅社，甚至大饭店。设备方面，不但华丽精致，而且应有尽有。

自由坊是南通广东路（宝善街）、北通福州路（百花里）的一条大弄堂，内有不少旅馆，不过最有名的是江苏旅社，亦称江苏大旅社。最初的地址为广东路自由坊 200 号，现在则是福州路 379 弄 50 号。

江苏旅社，1923 年设立，中西合璧式的两层楼房，天井、走廊、阳台、迷宫式的建筑内，设有一百多间客房。由于位于弄堂之内，初次来上海的客人，无论在广东路下车，还是走在福州路上，都不易找到店家，幸亏有旅馆的接客者在弄堂口举着牌子迎候，才不至于迷失方向。

江苏旅社位于上海最热闹的地方，交通便利，弄堂里的客房，听不见马路上的喧闹，特别安静，加上价格低廉，特别受中下层客人的欢迎，因此每晚几乎客满，可谓生意兴隆。那个时代，上海有许多以省份命名的旅馆，如安徽旅馆、河南旅馆、江西旅馆等，招揽同乡人居住，店内讲的都是家乡话，自然有亲近感。江苏是上海的近邻，来沪者多，也是生意好的一个重要因素。

至于江苏旅社的广告里常常说，"床帐被褥，焕然一新"，那是针对旧时代的客栈而言。"重整洁，天气渐热，均经消毒"，"为精益求精起见，将全部房屋房间等大加修饰"，那是根据工部局的要求而作出的反应。当时，公共租界取得经营执照的华人旅馆有 70 家左右，工部局要求它们每月消毒一次，每年油漆、装饰一次，作为验收的条件。当然，江苏旅社在夏季给房间配备电风扇，在冬天装上热水汀，设立男女浴室，用白瓷装饰，均是提升旅馆设施的举措，因而"寄寓该社者，深为赞美"。

江苏旅社作为上海弄堂的代表性旅馆，作为社会的一个侧面，反映出时代生活的形形色色。

1932年旧历五月初五薄暮，江苏旅社隔壁的东公和里323号，一家名为"大丰花边号"的店铺，店主姜攻玉在自家门口乘凉，正在阳台观景的女旅客戚玉英手执的纨扇，突然坠落于姜攻玉的身前。姜攻玉乃翘首仰望，见其年轻美貌，不觉心动，遂拾扇登楼归璧，并乘机而通款曲。戚玉英时年19岁，嘉善曹泥滩人，此番陪其表姐一起来沪购物，寄宿江苏旅社。那天，表姐外出购物，客房里只有戚玉英一人。姜攻玉恰如其名，向戚玉英大施勾诱。戚玉英信其花言巧语，与姜另开房间同居，两人结终身同盟。表姐在沪购物完后，戚玉英随其一起返乡。姜攻玉竟思念不忘，亲往嘉善探望，并诱其再次来沪，在中央饭店开房。两人缠绵一段时间后，戚玉英才回乡。同年11月29日，姜攻玉又邀该女来沪，在西林路37号同居，后来被姜妻发现，乃重新迁居江苏旅社。其实，戚玉英在家乡已许祝姓人家，戚母在爱女失踪后，派其子来沪四处寻访，终于在江苏旅社找到其妹。戚家大怒，姜攻玉是有妇之夫，岂能侮辱良家妇女，遂延请律师向法院提起刑事控诉，请依《刑法》第257条之规定，治以诱奸未满20岁女子之罪，

右图一　江苏旅社外观

右图2　江苏旅社被列为优秀历史建筑

并附带民诉，请求判令被告赔偿名誉损失洋 5000 元及旅费 290 元。《申报》以"纨扇孽缘记，好似旧小说之片段，现已发生讼事"为题，报道了这则发生在上海弄堂里的社会故事。

1936 年 6 月 6 日上午，虹口捕房接到密报，说有盗匪数名，藏匿在北河南路 426 弄 3 号的河南旅馆内，计划去虹口某家抢劫。捕房得知后，迅速派中西探捕按址前往，果然在河南旅馆 17 号房间里抓捕盗匪陆阿二，并抄出自动手枪 2 支、子弹 6 粒。经审讯，还有同党藏匿在江苏旅社 14 号房间，因此继续前往抓捕，又在那里获盗匪六名，而各匪衣服，均属楚楚，一若中层社会人士。经审讯，此批"衣冠楚楚之盗"，已在上海实施了多起抢劫案。

上海的自杀事件不少，江苏旅社也曾有多起，但常州老人王一清的绝命书，不堪卒读。1929 年 10 月 12 日，65 岁的王一清独自一人来沪，入住江苏旅社 48 号房间，晚十时入房安睡，翌日中午，茶房入室清扫，见其尚未解衣，侧身横卧，唤之不醒，推之不觉，知已长眠不起，乃急报巡捕房，经巡捕调查，其留有藤篮一只，内有安神药粉空盒一只，绝命书一封，书中谓："日暮途穷，恶生乐死，鄙人自入世以来，屡遭迍邅，前因妻故无子，即以侄为嗣子，颇堪造就，不料十九岁患痨瘵，猝然夭殇，亲友咸来劝慰，谓年虽花甲，尚可有为，乃买一小家碧玉，作为簉室，逾年果生一男，越两年，复生一女，满拟常叙天伦之乐，孰意本年六月间，武进地方疫情横行，两儿一并遭厄，夫妾

右图　江苏旅社的广告

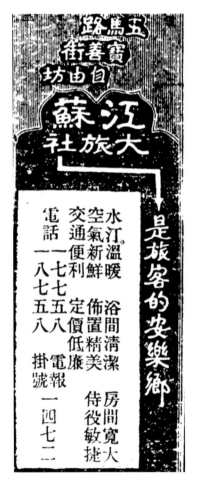

1 | 2 | 3

相对，痛不欲生，而家境萧条，贫困殊难料理。上月鄙人有事出外，至晚返家瞥见小妾悬梁自缢。她在世间，本无好日，但已先我而去，则天下虽大，岂再有容我之地乎，是以不复欲生，权借贵旅社一席之地，以了残躯。所有洋四元，望付去房金、酒资外，买几串长锭送我，并请至普善山庄求一口棺材，将身殡殓，一切为我妥为办理，我在冥间，自当感德无涯。"晚境坎坷服毒自尽，老年人凄凉万状，令人同情。捕房将遗体送往虹口斐伦路验尸所后，禀请临时法院派推事到场检验，令普善山庄代为殡殓，暂放两个月，俟其家乡有无亲属来认领，然后再行发坛安葬。家境凄凉的常州老人，特意来上海，将江苏旅社作为人生的了结地，令人感慨。

位于公共租界内的上海旅馆，与工部局交涉的事务尤多，上海旅业同业公会承担交涉的重任，而江苏旅社也是旅业同业公会活动的重要场所。1936 年 6 月，公共租界工部局通知增加旅业执照税后，引起上海旅业同业的反对，旅业同业公会组织"反对公共租界增加执照税委员会"，并派同业公会主席孙秋屏等人前往工部局捐税处据理力争。孙秋屏是江苏无锡人，经营多家旅馆。经代表据理力争，工部局始允本年秋冬两季，故照所加之数，减免一半。但从明年起，乃须照加，概不减免。孙秋屏等人对于明年乃须增加，深表不满，请求华董虞洽卿、袁履登及工部局华董何德奎出面相助，经三人与工部局磋商结果，允以后照所加减半征收，不限时期。委员会以事关重大，乃于 6 月 28 日下午二时，在江苏旅社召开同业大会，讨论结果，决定接受减半办法，即日起，解散反对加税委员会，同时希望工部局能限制发放旅业执照，避免同业滥增，以维营业，对虞洽卿、袁履登、何德奎及市商会等各方相助，表示感谢。在江苏旅社活动的现场，一些没有加入旅业同业公会的旅馆，对于孙秋屏等人领导同业，奔走呼吁，不以为苦，力维法益的举动，深受感动，纷纷要求入会。

入住弄堂旅馆的以社会底层者为多，富商、大贾以及"哥儿姐儿"是决计不往的，但是，在江苏旅社举行婚礼的却常有中上层人士，参加婚礼的多有海上名流。1926 年 1 月 16 日下午，《申报》编辑、江苏金山人俞志成与同乡程梅英在江苏旅社礼堂举行婚礼，程系南通女子师范的高材生，雅擅文学，尤工刺绣，有"绣王"之称。参加婚礼的男女

左图 1 江苏旅社的楼梯
左图 2 江苏旅社的木窗
左图 3 江苏旅社内部立柱

嘉宾有林康侯、陈哉周、冯仲卿等百余人。金山县教育会会长宣子宜证婚，复旦大学教授毕静谦司仪，徐忍寒、龚冰为男女傧相，世界书局交际主任沈思期代表介绍人致颂，金山同乡会代表骆承宗读颂词。最后由主婚人俞肃斋致谢词。礼毕，即在礼堂设宴招待来宾，颇极一时之盛。同年6月，海澜英文专科学校高材生赵增祺与徐一敏女士的婚礼，亦在江苏旅社举行，往贺者众多，海澜英专校长平海澜、上海童子军总教练沈同一、新闻界周瘦鹃等人均在席。平海澜是江苏松江人，1924年在小西门江阴街设立英文专科学校，其自任教师，还聘请商务印书馆旧友、南洋大学同事等任职。沈同一，即沈维桢，以字行，江苏崇明人，龙门师范毕业，后任南洋模范学校校长。周瘦鹃，江苏苏州人，作家与翻译家，主编《申报》副刊达十余年之久。

那时的大上海，辖区其实很小，在江苏地图上只是一根火柴头的位置。弄堂里的江苏旅社，正如其广告所称，是旅客的安乐乡，凝聚着江苏人的上海情结。

右图 江苏旅社的内部

青莲阁本为茶肆，是商人会谈之地
又因流莺聚集，成为近代上海的奇异风景
展现城市生活的背阴面
图为今福州路、湖北路口的青莲阁大楼

茶肆与"野鸡窝"

福州路 515 号，青莲阁，现为青莲阁拍卖公司等多家公司聚集处

青莲，为青色莲花，花瓣长而广，青白分明。青莲阁，为沪上最早之茶肆。取名青莲，因酒仙李白号青莲居士，盖醉翁之意不在酒，而别有醉乡在也。

青莲阁，清末设于福州路昼锦里以西、石路（今福建中路）路口，即后来的世界书局原址，两层楼房，坐北朝南，门面极其宽敞。楼下设商场，百戏杂陈，有弹子房、小电影、西洋镜等。楼上为茶社，有长三、书寓等清唱，与群芳会演唱相仿。

青莲阁之建，最初的设想是提供人们休息喝茶的场所。当时上海商业繁盛之地仅为大马路、四马路一带，但是酒店、茶楼不多。青莲阁所在地是租界内最热闹的地段之一，上海的商人喜欢在那里喝茶，外埠商人来沪也便于与人约会。每天早晨8时以后，青莲阁络绎地坐满茶客，三五成群，各据着桌子的一面，堂倌上来侍候。各帮各业的商人，都能找到他所想会晤的人。桌上的人，无不是吱吱嘎嘎地谈生意，包括的生意部门无所不包，米粮、纱布、南北货、丝业、五金、建材等，来得早主要等候期待的人，喝茶不过是名目而已。有的等到中午，还没有等到合适的对象，就唤堂倌叫一客生煎馒头或蟹壳黄，聊以充饥。他们不像悠闲阶级，上茶室只为消遣吃喝，他们踏上茶楼完全是为了推进交易。当时，上海商界一说"上茶会"，那便是去青莲阁谈生意。

青莲阁设清唱之地，有长三、书寓的清唱，茶客点戏，每次一元。长三称"校书"，书寓称"词史""先生"，书寓如日本的上等艺伎，专为客度曲侑酒，不轻易留宿。当时青莲阁接待的茶客有两种，一种是泡壶茶坐听的，还有一种称榻茶，即躺在榻上一面吸着鸦片烟，一面击节倾听。被点戏的清唱姑娘，下台后，会随老妈子到榻房里坐一刻，装水烟袋敬客。水烟袋是老妈子随身带着的，专备敬客之用。水烟袋分金质与银质两种，区别清唱者的等级。此时，茶客与姑娘能有时间略说几句吴侬软语，有的也有机会与书寓亲近，但那时的书寓并不很滥。狎客们将与书寓的交情，视为进身之阶，因而捧场点戏是大前提。

当时上海还没有游艺场所，独有作为茶肆的青莲阁。每当商人喝茶谈心之际，也会来许多红红绿绿的雏妓，如花蝴蝶一般往来不息，和茶客眉语目成。青莲阁渐渐成为招揽游蜂浪蝶的场所，成为福州路上著名的"野鸡"市场。"每当黄昏初上，粉白黛绿之流，遂麇集其间，借招游蜂浪蝶。"此后，去青莲阁招"野鸡"，成为青莲阁的特别之处，一般商人都喜欢到那里溜达。外埠的商人如果上了一次青莲阁，回去和人谈起来，还会令人羡慕。郁达夫在《上海的茶楼》里写道："小时候在乡下，每听见去过上海的人，谈到四马路青莲阁、四海升平楼的人肉市场，同在听天方夜谭一样，往往不能够相信。"

1923 年 3 月，日本作家村松梢风来上海旅游，回国后写了题为《魔都》的著作，他在《夜上海》的章节里谈到青莲阁，还原福州路"野鸡"市场的真实情形：

> 四马路上有一家曰青莲阁的有名的茶馆。茶馆在上海各处都有。茶馆原本是一个喝茶聊天或是正经谈商务的地方，可是到了晚上，就变成卖春女赚钱的所在了。青莲阁沿街有几十间门面宽，总共是两层建筑，楼下分割了好几家普通的店铺。有两处正面对着街上，带有颇宽的楼梯。有一天晚上我跟朋友两个人上了二楼。上下楼梯的人跟街上一样多，交臂而过。刚走上楼梯，我跟朋友两人就立即被卖春女逮住了。整个楼面极大，有不少柱子，总有好几千人。有的坐在桌边喝着茶，有的靠着栏杆俯瞰街上的风景，有的只是在里面看看。其中有无数的卖春女在人群中左右穿梭。有缠着客人的，有互相打闹的，有一起坐在桌边喝茶聊天的。香

右图 1　福州路的街景
右图 2　早期的青莲阁茶楼

烟的烟雾弥漫在楼内，连电灯光也变得朦胧起来。屋内的拥挤、喧嚣，使我茫然不知所措，定下神来察见到了逮住自己的卖春女，抬头望望她们的脸，朋友的那一个有点上了年纪，圆脸，一对眸子滴溜溜的。我的那个是只有十四五岁的小姑娘，瘦瘦弱弱的，看上去像一个赛璐珞的人偶似的。两个都不算漂亮。朋友想用上海话叫她们走开，可就是不肯走。

卖春女像章鱼那样缠住客人，她们的后面必有老娘姨，唆使卖春女不要轻易放弃。最后，村松梢风与朋友跟着她们来到弄堂里二楼的一间房间，付了一元大洋后才离开。如此亲身体会，使村松梢风对于福州路等地的卖春状态有了发言权，他说，"长三"是纯粹的艺伎，可以叫到酒席边上吟唱，绝不卖淫；"幺二"除了卖唱也会卖淫；其次是"鸡"，一般的"鸡"只有到一定的地方去招揽客人，而"野鸡"是暗娼，没有许可证，她们不管是茶馆、娱乐场、街上，哪里有"饵食"就会去哪里。

青莲阁的房屋属新沙逊洋行。1930 年，因合同期满以及房屋年久失修等原因，乃拆掉重建。新址迁至福州路、大新街（今湖北路）口，1931 年 6 月 13 日正式揭幕。新屋为三层楼钢筋大厦，布置堂皇，装饰瑰丽。底楼租给商店营业，二楼为茶楼，三楼辟"小广寒"书场，邀请群芳会唱，日场券买一送一。

新屋落成以后，营业与以前也稍有不同。以前的青莲阁似乎太低级一些，鱼龙混杂，闹闹嚷嚷，有身份的商人不太高兴去那里。后来，上海的游艺场渐渐多起来，青莲阁为打造上海唯一的茶话市场，不得不对兜揽狎客的雏妓加以限制，引导游蜂浪蝶的目标物去别的地方，留下来的是正当商人。青莲阁这一转变，增加了商业的重要性。

虽然清唱的时代过去了，烟榻由于禁烟而成为旧迹，但是，好景不长，青莲阁想要继续繁荣，除了一般商人的茶话外，不得不维持历史性的"野鸡"市场。

三楼的"小广寒"书场，可容纳四五百人，一座戏台，台下是一排排藤椅，中间掺杂着许多小木桌，给客人堆放食物、安顿茶具。晚上七八点钟的时候，场子里的荧光灯亮了。随着群芳会演唱的开始，听戏的人们一个个挤满了屋子。小贩、堂倌、瓜子、香烟，空气浑杂。有人写过一篇《青莲阁的二十四小时》的文章，对于书场内景象有细致的描绘："污黑的手递上那灰色的热手巾，霉白的瓜子滑进了涎沫的嘴里，白色汗马夹配着玄色仿绸裤子的蛮汉向旁边镶着金牙面带俏痧的粉头挤眉弄眼，瓜子壳织成了凹凸的地毯。还有，但是也并不令人为奇的，我屡次看见带着闲逸笑容的那个老者，一手拿了黄烟焊筒，一手把伸在藤椅上面的脚脱去袜子，用至少推掷 16 磅铁球的气力在摩擦脚趾，然而周围的观众们却视若无睹，习以为常地尽高喊着嗓子向台上粗犷淫秽的调情喝彩。"

青莲阁原来以雏妓独多而营业蒸蒸日上，迁入新址后表面上禁止雏妓上楼，但是有人去游玩，发现依然有许多雏妓，以及各类前来招妓的客人。有人刚落座，就被雏妓包围，一个老娘姨公开说，这里是花花世界，来这里的都是想玩的，哪有喝茶的道理。1932 年 9 月 19 日下午 2 时许，曾担任上海商会会长的傅筱庵与前五省联军总司令部驻沪办事处处长宋雪琴、前沪宁杭甬两路局长任筱珊等人在青莲阁围成一桌品茶，不料，"阁中粉白黛绿之辈，纷纷向傅等施其拉夫手段，一时，雏妓云集，不下二三十人，四面环立，有如肉林，且有动手动脚，坚欲傅等观光鸡窑"。傅筱庵感叹道："青莲阁系 32 年前旧游之地，星移物换，不胜沧桑之感。"因此，署名"书舫"的作者在《上海解剖之二：从青莲阁说到……》的文章里指出：青莲阁是"野鸡"的"荟萃"之地，"一般熙来攘往的'野鸡'，简直是活妖精，虽说面貌都近于夜叉，却穿得花花绿绿，极可怕而失却青春美的脸上，涂着很厚的粉，点上很红的脂。碰到异性，就做出种种令人呕吐的迷态，什么'去吧！开心来……'甚至于伸出手来拉"。

上海竹枝词，吟咏风土，具有重要的史料价值。在《洋场竹枝词》里，留下不少有关青莲阁的篇章，茶肆、"野鸡"窝，均为那个时代四马路风情的一种注释：

> 安乐窝还小广寒，青莲阁上更盘桓。迄今游冶成陈迹，群众争趋歌舞团。（安乐窝、小广寒、青莲阁，皆游客茗茶、听歌之处，今则各处歌舞团游客最盛。）

> 红袖青衫荟一楼，搜肠三碗语啾啾。宵深携手山梁去，破睡还须不夜候。（福州路之青莲阁亦为雏妓麋集之场

右图　青莲阁的广告

所，每当夕阳将下，电火初明之际，辄闻燕语莺声，喧聒如鸣春之鸭，途人过此胥有戒心。然着短后衣者，固尤乐此不疲也。）

青莲阁过一层楼，痴蝶狂蜂次第游。细问芳名呼小姐，秋波斜转似害羞。

青莲阁上一杯茶，闲坐凭栏看马车。恨煞野鸡三两辈，硬拖衫袖到侬家。

青莲阁上野鸡窝，飞来飞去似织梭。最是扬帮真老脸，做媒双手把衣拖。

福州路菜场的楼下几层是菜市和商铺
楼上是工部局乐队的排练厅
繁庶地段菜场的现代性和复合性由此可见
图为福州路菜场旧址，现为商务楼

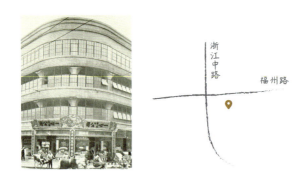

繁庶地段的菜场

福州路、浙江中路交叉口，原建筑无存，现为八仙商务楼

上海最初的菜场都是露天集市，菜贩每月只需付少量税金，就可在指定马路上出售自己的货物，但是，露天菜场既不卫生，又有碍市容，工部局为加强城市卫生管理，自1884年起至20世纪20年代前期，在所辖区域的枢要地先后设立11个室内菜场：虹口菜场（三角地）、九江路菜场（又名大马路菜场）、爱而近路（安庆路）菜场、伯顿路（彭泽路）菜场、梧州路菜场、东有恒路（东余杭路）菜场、舟山路菜场、新闸路菜场、马霍路（黄陂北路）菜场、杨树浦菜场、汇山菜场。

当时上海公共租界内的菜场，天未亮时就开市了。人们为了能买到新鲜副食品，每天很早就来到那里。在菜场里，中国和外国太太们带着下婢，披着朝雾，挑选鲜花；一般市民的老婆们拿着大箩筐买蔬菜和鱼类，少女们来买咸菜，从中一窥社会生活的侧面，犹如一幅活画，千姿万态，非常有趣。

菜市场是工部局管理的事业，其中以虹口和九江路两处为规模最大。九江路菜场毗邻市政厅，有两层楼房，楼上经营南北干货，楼下主要卖鱼、鸡、蔬菜等，也经营部分"生的西菜"。1927 年 1 月，工部局计划拆除市政厅的建筑，将土地出售给华商，九江路菜场也面临着同样的命运。

上海各菜场摊户总联合会得知工部局出让九江路菜场的信息后，立即致函工部局，请工部局先择地新造菜场，以安摊贩。同年 2 月，工部局回复上海各菜场摊户总联合会，承诺在九江路菜场拆除以前，另行建造菜场，以资摊户继续营业。对于各摊户之营业，并无间断之虞。

1928 年 10 月，工部局将市政厅房屋、庭园出售，并在十八个月内交割。

1929 年 4 月，工部局将位于福州路、浙江路口的清河坊一带房屋收购，计划将九江路菜场迁至该处。清河坊弄内多妓院，拆除工作并无阻力，但是，清河坊附近的商家如神州大旅社、豫丰泰酒家、梅园酒家、民国菜馆、朵颐福野味店、南园酒家、一枝香西菜社、大雅楼西菜馆、林记汽车行等均甚焦虑，担心菜场建成后，市面会萧条。他们联合致函工部局市政处，详陈历害，请求熟审形势，从长计议，另择相当地点："二马路菜场及市政厅之地址，已出售给某公司作商场，菜场将迁至福州路、浙江路口，现该处房屋已经开始拆除，不日即将建筑。敝会闻之，不胜诧异。租界市面最繁盛者，首推南京路及四马路，若一旦该处房屋拆除建菜场，则该段之市面，势必随之冷落矣。且查各处菜场之设，其地点皆市面较为冷落之处，未有以市面最兴盛而热闹之地段，建设菜场也。敝会为对于本路商业之发达，及市面之兴败，含有切身关系，故不得不函陈利害，敬请熟审形势，将该处房屋，仍行建筑市房。至菜场之迁移，尽可另择相当地点建筑之。素仰贵局热心市政，必能允所请也。"对此，工部局的回复是：改建的小菜场系特别新式，既可作菜场，仍可开设商店，市面及各商店营业并不受任何影响。

1930 年 5 月，福州路菜场落成。其占地三亩半，为新式建筑，"在任何商埠均可自豪"。建筑共四层，其中一至三层作菜场店铺及其他日用品商铺，全部可容八百小摊。最高一层用作写字间。地下一层备有冰库。全楼有电梯，以便运载货品，建筑费为 20 万元。同月，九江路菜场的摊位如约全部迁入福州路菜场，九江路菜场的拆迁工作同时展开。

福州路菜场落成后，承继九江路菜场的传统，成为可与虹口菜场媲美的上海大菜场。1935 年，据工部局考察，"本

右图 1　九江路菜场绘图
右图 2　建造中的福州路菜场

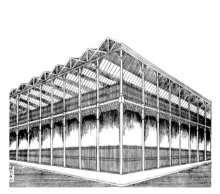

年度该菜场成绩颇佳，一切营业均能使各方满意，各项物品丰足，价格固定。该菜场系供繁庶区域居民之用"。菜场的供应之丰富，从 5 月鱼市可见一斑：黄鱼、鮸鱼、鞋底鱼、鲳鱼、马鲛鱼、青花鱼、牛尾鱼、鲨鱼、鱿鱼、墨鱼、杂鱼、梭子蟹、青蟹、对虾、鲥鱼、刀鱼、榻鱼、海鳗、青鱼、草鱼、鲤鱼、白鲢、白鱼、鳜鱼、铜盆鱼、油鱼、比目鱼、梅童鱼、吐哺鱼等。

工部局的菜场，摊位均有编号，所占位置，依照营业额设甲乙两种，营业时间从早晨至中午。每天由卫生局派卫生警察随时检验食品的卫生安全。中午 12 时至晚上 7 时，每天派清洁工进行大扫除，并有警察守护安全。

上海工部局乐队原来在市政厅二楼排练，市政厅被拆除后，排练地点也移到福州路菜场四楼，节目的录制也是在那里完成的。

自 1934 年秋天起，乐队的演奏由大东电台播放，实况转播必须要架设一条从菜场至电台的电缆，工部局每年花费一百两银。虽然这些节目只持续到翌年 5 月，但是那一条特殊的电缆也是福州路菜场的传奇。

1935 年 11 月，国立音专学生张贞黻作为工部局乐队的实习生，写过一篇名为《记第一次参加上海工部局乐队练习》的文章，记叙了在福州路菜场四楼排练的情景：

右图 1　20 世纪 30 年代的福州路菜场
右图 2　工部局乐队

上午9时，携着大提琴走上了上海四马路小菜场的第四楼，通过一条长廊，推开二重双扉的一个大厅，这便是上海工部局乐队的练习室。这时大部分乐师都闲散着，有的在不着意地玩弄自己的琴，有的燃起烟卷在谈笑，有的在散步，更有的在阅读报纸和信件⋯⋯我是考入这乐队后第一次来到这里，所以很怯生地去拣了一个角落对他们坐下。

大约过了十几分钟，众人便各自归位就座了。从另一个大厅里跑出来一个短小精悍的老头子，秃头，戴着黑圈玳瑁老光眼镜，胡子刮得满面发青，看去威严得很，这就是指挥 Maestro Paci（梅百器）了。他跑上指挥台，脱去了上衣，露出半身新换的白衬衫，右手随即提起二尺长的一枝白筷子，两眼向前巡视了一周，接着便轻轻地在桌上敲了几下，一切声音肃然而止，我们练习的海登交响曲便开始了。

有人说钢琴是一个小型管弦乐队，弹者就是指挥那些键盘，就是乐师，这是的确不错的。看！大家是用了怎样全副精神使自己的手指运用如意呢！而指挥者Maestro 又是用了怎样全副的精神来向大家说明，每一乐句应该怎样顿挫，怎样连贯，怎样开拓，怎样起始，怎样流连，怎样收束呢！……大家的表情上假如给 Maestro 发觉了有不显明处，或不妥当处，他便急速用他的指挥杆在桌上拍着，一直到他们全停了手，他的嘴里像是飞出一只百灵鸟似的"勒比比比……"唱着生动的曲调，或是用全身的动作来传达这个乐句所不能用人声表示的地方，于是大家领会了，重新再来一次，他的一举一动、一言一笑都极老练，恰当泼辣，精明，新鲜，大方，严肃，灵敏。使人暗暗心服。

乐师如存很大的错误，他便说"不要打瞌睡呵"，如还不能改正，便叫他单独地练习一次，他的面部跟着他所念的乐句变化，像在发怒，但又立刻出人意外地忽然从严云里破出微笑的阳光来，在受指挥者的心上也就释然安慰了。

全部海登交响曲经过他一番指正后休息五分钟，全体就像脱了网的鱼，各自得空，闲散去了，Maestro 这时满头大汗，从裤袋里掏出手帕拭去了，打开他的烟盒子燃起一根烟来疏散他的精神，抽完了烟又拍齐了乐师，再复习一次，这回我得从头至尾顺流地听了一曲。

我似从梦中抬起头来，看见 Maestro 又是满头大汗，正用手拭着。对面那一角无秩序地放着琴盒子，椅子和一堆堆的乐谱，光线从那两边方块堆成的大玻璃透进来，又给方格的素白的天花板墙壁反射到全室。乐师们都纷纷起立，预备归去。但是我，处身其间，蓦地记起我童年时代，正当病卧床上偏身发着高热，母

亲不知到哪里去了，只祖母寂寞地陪我睡觉，在那两夜的梦里，似也曾到过这个地方呢，似也曾游过上面那样的仙境呢。

等他们走完，我才立起身来，带着无可言说的心情携了大提琴一步一步走下楼来。

真想不到今日这一课将那久已远别的故园的春色、儿时的嬉游都如幻影似地一幕一幕展开在心头！

音乐何其伟大！这第一课又何其值得记忆！

繁庶地段的福州路菜场，吸引熙熙攘攘的人流；四楼的一条长廊，二重双扉的大厅，工部局乐队在菜场楼上的排练场景，令人难忘。

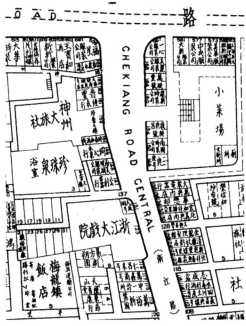

位于正丰街街角的中央旅社
以优越地段和便捷交通吸引旅客，别具一格
图为中央旅社旧址，今智尚酒店及民居

正丰街之角的旅社

广东路 543 号，原中央旅社，现为智尚酒店及民居

广东路，又名五马路，俗称正丰街。当时有酱园名正丰者，开设于五马路中段，历年既久，遂沿称之。

五马路、湖北路转角，时人称正丰街之角。随着国民政府建都南京，上海的地位日益重要，"通东西之冠盖，舟车鳞集，轩冕云停，其繁盛冲要"。1929 年，中央旅社乘势建于五马路正丰街之角。其在开幕宣言中称："以言地利，则适当租界之中心；试语内容，则别开停骖之生面；楼高六级，如列子之御风而行；房辟百间，似我佛之宝山能入，而且以作之大匠，仿欧美之工程匠心独运，有珠帘画栋之华，巨眼试窥，恍瑶室琼居之丽。"

中央大旅社，钢筋水泥建筑，系承建海关大楼的新金记营造厂所造。房间 200 余间，自一元至十元不等。十元房间为最优等，每层均有，位于电梯左侧。房间里有四室，会客室居中，左为卧室，右为浴室及写字间，会客室装有收音机、沙发、衣橱、圆茶几，均最新式器具。六元半的客房，分卧室、浴室、写字间等三室。四元半客房有浴室。此外，还有三元八角、三元、二元八角、二元五角、二元、一元八角、一元五角、一元等不同价格的房间。

中央旅社的大礼堂可列酒席六十余，厅里有八个大理石圆柱，由德商承建。屋顶镶有花纹玻璃圆形大天窗，五色缤纷，美丽悦目。与天窗呼应的地面，亦以瓷砖嵌成圆形花纹一圈，中嵌"花好月圆人寿"六个篆字。厅中陈设，均为红木桌台、椅子，富丽精美，厅之东北，另设两个房间，一备喜庆之家女客起坐之所，内中一间为新房，备新娘休息之室，其中床帐、妆台等俱用上等木器。

1929 年 7 月，中央旅社在《申报》刊登大型广告，称其具有十端优点，"本社同人，竭绵薄之力，供壤流之助，靳合新时代之思潮，聊回贤君子之高躅。蓬山不远，请作平原十日之游。传舍可亲，冀邀游客一言之赞"。

屋皆西式，固若金汤，四壁瓷砖，丝尘不染，明窗净几，空气清新，此内部之整洁也。

面临街道，地近剧场，电车飙轮，瞬息百里，选色征歌，恍若一室，特备汽车，专供迎送，此侍应之周到也。

钢床铜簟，制自西方，名厂精华，远异凡品，鸳衾凤褥，软若登云，消毒卫生，俱用新法，管分冷热，电备扇炉，三时不夜，四季如春，此器具之美备也。

男女侍役，严格慎选，精晓方言，善侍客意，淑女嘉宾，浑忘作客，此仆御之特长也。

浅斟低酌，菜备中西，海错山珍，肴罗南北，大烹宴客，名手烹调，小食解饥，点心新颖，别饶风味，自乐遨游，此饮食之优点也。

礼堂六座，广厦宏开，银器全台，翻新花样，全钗十二，珠覆三千，钏动花飞，觥筹交错，恍游月殿，如入广寒，此喜庆之堂皇也。

花园屋顶，位置清高，姹紫嫣红，众香成国，茶余小憩，酒后登临，披襟当风，看云洗眼，洋场十里，尽在眼前，此游览之大观也。

图书阅报，特辟专室，公余缮阅，消遣光阴，不出户庭，能知天下，此书报之便利也。

美国电梯，最先采购，振衣千仞，飘飘欲仙，九地九天，随心升降，此电机之精异也。

定价低廉，不尚虚饰，公益之义，维取实在，开幕伊始，普赠物品，精致合用，聊表优待，此赠品之特殊也。

右图1 广东路一侧的原中央旅社
右图2 海口路一侧的原中央旅社

中央旅社以中央自居，实有一番雄心，而广告语之新颖，在当时上海旅社中，亦属罕见。在上述特点中，中央旅社最强调的是交通的便利。以前的旅馆，设于上海的车站、码头附近，外地旅客一下车、船即可到达旅社，固然便利，但是车站、码头并不在市中心，旅客下榻后就会感到交通的不便。为此，中央旅社选址，更注重旅客下榻后的交通便利是重要原则。

正丰街的街角，即中央大旅社门口，为五、六路电车分歧点。五路电车贯通沪上南北之要道，六路电车为围绕最繁盛区域之要线。因此，在中央旅社下榻的旅客，无论去上海的东南西北，均有无往不便之乐。

旅客如在北站下车，乘五路或六路电车，经北浙江路即可到中央旅社。旅客如从苏州河内河轮船码头下来，略行数步，就可到老垃圾桥乘五路或六路电车，经浙江路、湖北路抵中央旅社。

下榻后的旅客如果要去公共租界北区，出门即可乘六路电车经浙江路、界路、老靶子路、吴淞、西华德路等要道。如要去市内最繁盛区域，往东乘六路电车到外滩，往北乘五、六路到北京路，往中部乘五、六路到南京路。如果要去沪东地区，出门乘六路到外滩转乘八路或九路可达杨树浦。如果要去法租界，出门后步行到爱多亚路（今延安东路），进入公馆马路（今金陵东路）口就是法租界，乘二路电车可达徐家汇，搭十路电车可达卢家湾。如果去华界，

右图　湖北路广东路口，电车后方即为中央旅社

乘六路可达闸北东端，乘三路可达闸北西端。去南市，乘五路可达老西门，乘六路电车可到斜桥。可见中央旅社的正丰街之角，果然是沪上交通便捷之处。

旅社作为公众寓居的场所，卫生设施如何？不仅关系旅客的个人健康，与社会的公共卫生环境也有直接关系。在流行性疾病发生的时期，特别需要重视。鉴于卫生对于旅社的重要性，中央旅社除了房间、被褥、毛巾等及时消毒外，还聘请张竹铭（西医，同济大学毕业）、胡佛（浙江中医）医生为卫生顾问，并安排医生每天在旅社内坐诊。

中央旅社设书场，分日场夜场，各有五档之多，且皆名家，最末殿以王无能等人演出的滑稽戏。日场一角，夜场二角。在大滑稽戏尚未形成前，王无能常常在文明戏开幕前加演被称为"趣剧"的滑稽小戏，与江笑笑、刘春山并称为"滑稽三大家"，可惜于1933年病逝，年仅41岁。

国华广播电台（周率1200），设在中央旅社601房间。1935年7月，经史学家刘心垲每日上午在广播中讲解李白诗文，并印有《李太白诗歌文集》初卷，听众只要附邮票15分，投函到电台，即可获赠一册。同年9月，夜莺艺社在国华电台播出流行歌曲，同时为扩充业务，征求男女社员，男社员须能演奏提琴、钢琴等乐器，女社员须爱歌唱，北平籍，或能讲国语。

中央旅社，是上海各界招待名伶的重要住宿场所，亦被称

右图一　中央旅社的交通示意图

右图2　中央大旅社广告

1｜2

1｜2

为"名伶荟萃之地"。1930 年 6 月，杜月笙位于浦东高桥的家祠落成，杜月笙举办盛况空前的落成典礼，并重金邀请全国各地京剧名角前来演出助兴。杜祠举办的堂会，共有五十多位名角出席，其中包括"四大名旦"梅兰芳、程砚秋、尚小云、荀慧生等，堪称是"古今第一堂会"。来沪名角，大都由杜宅招待，下榻于宁波饭店和中央旅社。就中央旅社方面，如梅兰芳住宿于五楼 501 房间，其余配角则分居在下层。京剧武生杨小楼住二楼 220—222 房间，京剧武生李万春住 419 房间，京剧旦角雪艳琴、雪艳芳姐妹住 203 房间，京剧老旦龚云甫住 403 房间，姜妙香小生住 235 房间。其实，来沪的名伶过多，而戏目有限，杜祠三日堂会，未被列入唱戏的，则枯坐旅馆。

1933 年 12 月，四大名旦之一的尚小云应三星舞台之邀来沪演出，同来的有谭富英等 30 余人，所谓"生旦净丑齐全"，三星舞台特备军乐队去北站迎接。尚小云一行下榻地也是中央旅社。

1939 年 10 月，"京朝派"女伶吴素秋一行 39 人，应更新舞台（原三星舞台）之聘来沪演出，两个多月均住宿在中央旅社。1939 年 12 月 9 日，吴素秋一行离开上海回北平。当天早晨，很多人赴中央旅社为其送行。时年 17 岁的吴素秋临别时，挥笔在中央旅社留下壁诗，是唐代诗人崔护的《题都城南庄》："去年今日此门中，人面桃花相映红。人面不知何处去，桃花依旧笑春风。"吴素秋是一位富有戏剧气息的女艺人，她的思想行动也富有戏剧作风，此诗曲折地表达了她无限怅惘的心情。上海是全国重要的经济、文化中心，娱乐业十分发达，各地名角想在全国范围内大红大紫，名利双收的上海舞台十分重要。因此，吴素秋上船时，面对送行的人群，忍不住热泪盈眶，她说："我们来到上海，耽了两个多月，大家混得热辣辣的，如今眼睁睁分别在即，那得不……"她一面说，一面擦着眼泪，送行者亦为之黯然。

中央旅社的壁诗，可谓是上海文化的奇观。当时就有人请中央旅社能珍视这一位女艺人的手迹，妥加保护。如今，旅社不存，洋楼变色。正丰街的名字早已无人知晓，更何况女艺人留有诗篇的那一面墙壁呢。

左图 2　曾在中央旅社题壁诗的吴素秋

左图 1　20 世纪 40 年代地图中的中央旅社（右上角

格致书院是洋务运动时期，中西有识之士合作而建
成为普及西洋新事物、科学知识的窗口
至今不负"格物致知，求实求是"之训
图为今格致中学

六马路的格致书院

北海路 150 号，现为格致中学

北海路，东至福建路，西至西藏路，上海一条很短的马路。现在很少有人知道其旧称是"六马路"。被誉为"科学之家"的格致书院就诞生在那里。

需要说明的是，格致书院正式成立于 1876 年，那时还没有六马路，只有正丰街、尚义街、潮阳楼等一些小弄。在大马路（南京路）、二马路（九江路）、三马路（汉口路）、四马路（福州路）、五马路（广东路）等辟筑后，英租界于 1882 年将那里的一些房屋拆除，将路放阔，修筑了六马路

（北海路）。黄式权的《淞南梦影录》（1883年）也有"六马路去年新建，铺户寥寥，大多系小客寓，清烟馆之类"的记述。因此，先有格致书院，后有六马路，亦是一个不争的事实。

上海开埠后，西学东渐，洋务运动兴起，1872年赴美幼童从上海启程，《申报》创刊，风气大变。1874年3月，英国驻沪领事麦华陀发起成立格致书院之议，旨在让华人了解西方各门科学，深悉西国人事，彼此更敦友好，得到社会各界的广泛支持。最初的设想是创立一个阅览室、展览馆类型的机构，后来的董事会认为不仅要办阅览室，还要办成学校。倡议董事由中外人士组成，西董为麦华陀、伟烈亚力、福弼士、傅兰雅等，华董为唐廷枢。后来又聘上海道的翻译王锦堂、化学家徐寿为董事。开办经费主要依靠中西绅商捐款，其中80%来自中国官绅，如北洋大臣李鸿章、南洋大臣李宗羲、天津关道孙士达、上海关道沈秉成、九江关道沈保靖、上海制造局总办郑藻如等，可知当时官方对洋务新事物的支持力度。

1875年5月31日，董事会议决全部购买美华书馆所售土地，7月，决定由徐寿负责造房事宜，造价为银2960两，务必在三个月内完成。造房缺400两，但上海道已允捐助2000两。次年2月8日，格致书院房屋正式竣工，当时所标的位置是"上海北门外西北隅八仙桥北、英租界正丰街之西"，即今北海路、广西路交界处。是日，门口挂上由北洋大臣李鸿章所题"格致书院"四字的匾额。

1876 年 6 月 22 日，格致书院举行开幕式，书院房屋甚为宽敞，设书房、置知新堂等，陈列中西有关自然科学之书籍、工艺机械、实验仪器、动植物与化石等标本。当天，有中外人士两百多人前往参观，盛况一时。同年 11 月，出使英国大臣郭嵩焘在上海道冯俊光、书院董事徐寿的陪同下，参观了格致书院。

格致书院以"格物致知，求实求是"为院训，向社会开放，任人进出参观，成为上海普及西方科学知识的窗口，六马路也因此成名。自 1877 年起，书院延聘西人教授举行科学讲座。1879 年开始招生。第一次讲座由美国传教士狄考文讲解、演示电的原理，当场进行铁丝导电灯实验，并用电引燃爆竹，听众的反应极为强烈。书院延请中西名人到校讲演格致学理，定期命题考试，分别给奖。1885 年 11 月，圣约翰书院院长颜永京在格致书院放映"影戏"（幻灯片）《世界集锦》，为"影戏"在上海的首次公映。颜永京自 1854 年起赴美留学，1862 年回国，此为其亲身经历自上海出航的帆船四海旅行记，堪为可贵。

格致书院的初任监督是中国近代化学启蒙者徐寿，曾在江南制造局任职。1884 年徐寿逝世后，王韬于次年接任。王韬主张变法维新，倡导改革，是近代早期启蒙思想家，他通过译书、办报、主办考课等方式，促进西学传播与近代观念的转变，为此书院举行一年四季的考课，即所谓季考，由北洋大臣等命题课士，王韬评阅。命题内容均与西学与时务有关。格致书院以西学与时务命题，与一般书院大为

右图 1　格致中学
右图 2　壁上的响铃
右图 3　格致书院发起人麦华陀

异趣，在社会上引起很大的反响，"一时都市响风，人才辈出，国人之有志实学，谓此开其先河也"。

格致书院的博物院，为英籍董事所捐，建筑费值银14000余两，所藏物品分为十类："自然生长之物；食品之生熟料；手工造物及服饰；造房物料器具；工艺所用器及汽水热各机；水陆运重器及开矿、挖泥、起水、通电、建桥、筑塘各器；像真人物及绘刻各种人物器、枪炮、弹药、水雷及一切战守器具；绘图、照相、天文、地理、山川胜迹图；不能归类之零星物价及杂用诸器。"（《上海学艺概要》，引自《上海通志馆期刊》）所用物品，均由英商捐助。比利时政府捐赠全部化学仪器，其他诸国亦各有所赠。

1901年，格致书院设立藏书楼，由监理会牧师潘慎文主持，华人徐楚亭助之，搜集书籍、报章，任人入内阅览，目的是促进中国的科学教育。徐楚亭曾编《上海格致书院藏书楼目六卷、补遗一卷》（1907，商务印书馆）。藏书都是中文，其中三分之二是四部书籍，其余是东西学译本。据1907年统计，藏书楼有书1400种、报章24种。1908年春，潘慎文回国，由广学会季理斐牧师继任。

戊戌变法以后，时局变易，院务逐渐废弛，形同虚设。1914年，由工部局拆卸，改建格致公学。最初书院的地基之道契，用石盒装载，埋于墙角下，以示永不变卖之意。改建时，董事根据已故担文大律师遗存之记录，将墙角挖开，见该道契已经霉烂，唯字迹尚在，经证明后另行更换

右图1　格致的校徽
右图2　格致书院的初任监督徐寿
右图3　格致书院藏书楼绘图

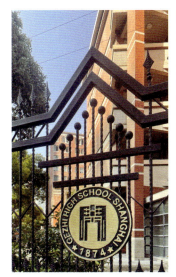

1 | 2
──┼──
　 | 3

新道契。根据董事会决议，格致书院建筑物器、存款及在规定年限中一、二、三、四及六号地租金，尽归华董，书籍、图画与仪器等亦经清点后交华董验收。

划分后，华董即在龙华路购地八亩二分，改建华董格致书院，但未能继续。后来藏书楼遭火灾，残留的书由上海县教育机关相继保存，到1932年上海市立图书馆开办，残余4340册书由市教育局拨存于该馆。

鉴于华董格致书院事业停业已久，1918年11月，教育局将该院款产清理接收，以作科学馆、博物馆之开办费，并于1919年1月17日召集该院董事到局开会，各董事均因事未能出席，函复对于教育局接收续办事业极表赞同，遂将合同一件、印刷品一册、日记簿及草账三本、收支报告一份，交局备查。9月，正式接收，其中存款14620.94两，基地八亩二分，由财政、土地局分别接收。所有仪器、标本、书籍、什器由教育局另组接收委员会。

六马路的格致书院旧址归工部局后，大半建造住宅，尚留一小块，先造平房五栋，定名格致公学。1917年2月7日开学，最初的校长由雷勒担任，后因雷勒回国参战，由华童公学校长康普兼任，所有中英文教员，均从华童公学调来。学制分中小学，其时学生尚不满百人。次年又造平房三栋，两栋为教室，一栋为礼堂兼理化室，学生增至150人，此后，添聘中英文教员，进入发展期。

右图　1928年建成的格致公学校舍

鉴于学生增多，工部局认为有正式建造校舍的必要，其时，校旁之住宅房屋，正好签约满期，乃收回其地，开工建造新校舍。1928 年 7 月，建成三层大楼校舍，一切设备均已完善，学生数量由 170 人增至 278 人。1930 年，学生数突破 400 人的限额，达 500 人。

当时工部局建有四所华童公学，即华董公学、育才公学、聂中丞公学、格致公学。格致公学位于六马路（北海路），又称南区公学。

格致公学与工部局的其他华童公学一样，学费每年四百元，章程悉照英国公立学校办理，内容大旨与西童公学相仿，程度自国民小学至大学预科毕业。中西并重，每星期授课五日，两日半授中文，两日半授西文。校长均由西人任之。后来，议决各华童公学增设华语、西语副校长各一名，辅助校长办理事务。

由于是工部局设立的公学，一切制度，多与我国教育颁行者不合，学生升学出路也成问题。后来工部局变更方针，重订课程，更定班次，与中国的教育标准相符，以使学生能参加上海市中等学校会考，取得投考国立、私立大学之资格，于是毕业生不再担心出路之狭窄。

此外，根据旧制，工部局各华童公学学生，于修完高中全部课程时，应参加香港大学入学考试，及格后方准毕业。为此，工部局曾有在上海设立一所与香港同等大学的设想。

但自 1935 年起，工部局取消该项规定，改由工部局会考。格致公学第一次会考高中毕业生为二人，1936 年上半学期，毕业者为 12 人。下半学期毕业生为 11 人。三次会考，成绩均列第一。

格致公学校长康普是沪上教育界筹组中国童子军的积极推动者，并在格致公学首先组织中国童子军的第一队。不久，中国青年会为第二队。

1935 年春，格致公学所用地理教科书中之地图，其于东北的满洲，竟直书为"满洲国"，一部分学生见之甚为愤怒，认为校方违反国联不承认"满洲国"的决议，逐与校方交涉，请求学校当局更换课本，校方竟开除学生二人，引起风潮。后由工部局华人教育处处长陈鹤琴与西人教育处处长希廉会晤，商谈解决方法，最终校方将地图中"满洲国"的"国"字用刀刮去。反对地图上的"满洲国"，格致公学学生的爱国行为，受到社会各界的声援。

一条僻静的小马路，一个科学传播的大窗口。不显眼的街区角落，蕴藏着上海传奇的故事。

天蟾舞台在近代上海梨园界的声望，可与大舞台比肩
其盛名延续至今
图为今天蟾逸夫舞台

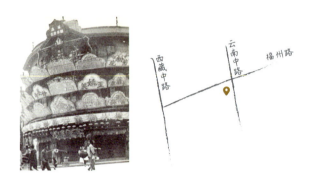

舞台竞争出天蟾

福州路 701 号，现天蟾逸夫舞台

1916 年 1 月，天蟾舞台在二马路（九江路）新新舞台旧址开幕，经理是许少卿。开幕的广告称："20 世纪商战，竞争舞台为文明世界之潮流，盖以忠孝节义等事演出，慷慨悲歌，动人观听，情趣环生，深之足以补教育所不及，浅之足以引社会之感情。"戏剧作为通俗教育之一种，已是社会的共识。忠奸愚孝，一一表现于舞台，其感人之深，较文字尤力。然而，新文化运动以来，有识人士对于戏剧的社会功能已有更多的认识，如李蒿生在《舞台建筑漫谈》中指出，戏剧并非仅供娱乐而已，也是一种主义的宣传。

为何取名天蟾舞台，公开的声明说因新新舞台旧址形似天蟾，因名之天蟾舞台，但是当时社会流传着另一种说法。上海的戏院初以茶园为名，后来竞仿西式建筑，改称舞台。茶园戏院以"丹桂"为最久，创设者刘维忠一生开办戏院均冠以丹桂二字，并希望后人若在原址开设戏院，永远保留丹桂的名字。许少卿与尤鸿卿在丹桂原址合办丹桂第一台，仍守前约，冠以丹桂名称。不料后来许少卿因与尤鸿卿意见不合而脱离丹桂，此后在二马路自办戏馆，其取名天蟾，以月蟾为商标，寓意颇深，旨在舞台竞争中，取"蟾宫折桂"之意，欲折取所开之丹桂，打倒丹桂。此天蟾之名，讽刺深刻。而丹桂第一台见之，亦不示弱，将绘有刘海撒金钱钓蟾蜍之画，悬于舞台的门帘上。

天蟾舞台位于浙江路、九江路口，紧靠南京路，正门开在九江路上，台屋高大，很有气势。屋顶是上海最早的游戏场楼上楼。刚开幕时，在广告中声称以十二特色招揽观众，"角色整齐、座位宽敞、行头新鲜、布景周到、空气流通、障碍全空、电灯新丽、声音缭绕、地点适中、太平门周备、茶水认真、伺候灵通"等，博取人气。其在上海梨园界的声望，逐步上升，堪与大舞台相伯仲。

天蟾初开张时，请梅兰芳及杨小楼等来沪演出，非常热闹。后台之矮脚窗口，为了看梅兰芳化妆，每天晚上必有数十人观看，据说某公馆之老太太也常在此处徘徊张看，成为场外的上海一景。

天蟾舞台的广告，语言贴近大众，生动有趣。如 1921 年 6 月的广告："名角如林，都是初次新到的好角儿。""李吉瑞的黄派文武老生，不用说，自然说天下驰名的了。古装花旦刘小衡，唱做之细腻，容色之艳丽，诸位看了听了，就知是此派的尖儿。靠架老生张小楼，他的腰腿功夫，不是我在这报纸上吹牛，那简直比近年到上海的角儿，要硬了十倍。文武新旧老生常春恒，他的艺术，上海人人人知道，不用我再说了。短打武生赵鸿林，他的手脚活泼，身段玲珑，看过他的戏的人，都说比概等多强。时装花旦小马五，他这一出《纺棉花》，就名震京津，无人可盖。唱工须生黄智斌是现在京都剧界后起中的第一人才。刘永春的黑头大面，声调人人知道是何九以后的第一人。武生李云峰，老生老旦张长庚等，亦人人皆是关东超等好角。"

至于天蟾舞台的内部情景，很少见到中国作家和记者的描述，倒是日本作家芥川龙之介 1921 年访问上海时留下了精彩的一笔：

> 这是一座新建的白色三层建筑，其二楼三楼为半圆形，装有黄铜制的栏杆，不待言，这一定是对当时流行的西洋风格的模仿。天顶上吊着三盏辉煌的大电灯。观众席里铺着地砖，上面排列着藤椅。舞台两侧各悬着一只大时钟，下面则是香烟广告，铺陈着浓艳的色彩。舞台上方的横楣上，白石灰雕塑的牡丹与叶形装饰中，大书着"天声人语"四字。舞台也许比乐座宽敞，有西洋式的脚灯照明装置。在区别一场与另一场戏时，全然不用帷幕。在更换背景时，会拉下苏州银行和三

炮台香烟的广告幕布。背景大多是油画风格的幕布，描绘室内或室外的景色。舞台的左端，守候着手持胡琴、月琴、铜锣等乐器的伴奏者，其中还可以看到一两位头戴鸭舌帽的先生。看戏的程序，不管一等还是二等，径直入场即可，先入座，后买票。一旦坐定，便有热水浸过的毛巾上来，节目单、茶也送来，此外，还有西瓜子和廉价的点心兜售。

芥川龙之介的纪事，当时被选入朱剑芒编著、徐蔚南校订的《高中国文》第一册（上），文学家夏丏尊翻译，世界书局出版（1930 年）。芥川具有敏锐的观察力，为早期天蟾舞台的细致描述，不愧为神来之笔。值得一提的是，他同年在上海访问了李人杰（李汉俊）的家，对于客厅布景亦作了十分详尽的札记。数月后，中共一大就在李家客厅召开。20 世纪 50 年代复原一大会址场景时，芥川的记载成为重要的参考资料。

男女合演，始于法租界共舞台、华界新舞台等，在英租界则自天蟾舞台开始。1926 年 9 月 15 日，时任天蟾舞台总经理的顾竹轩致函工部局，要求批准男女合演，理由是"舞台虽为公共消遣之地，然引古证今，劝忠教孝，实有改良风俗，感人于不知不觉之可能，且营业之盛衰，关系市面，未有舞台营业独盛而市面尚呈冷淡之气息者。惟年来时世潮流，戏剧一端，非新旧互演，不足以鼓人兴趣，招揽顾客，且非添聘坤伶加入，实行男女合演，亦不足以一新耳目"。10 月 25 日，工部局经与总商会商谈，决定同意天蟾舞台的请求，批准男女合演戏剧。

右图 1　天蟾舞台的演员雪艳琴

右图 2　天蟾舞台的演员黄桂秋

照英租界的章程，剧场开业，要先取得营业执照。1930年，当天蟾的营业执照还有一年有效期时，忽然接到工部局通知，说建筑不坚固，万一发生火警，极为危险，勒令天蟾停业改建。天蟾舞台不服，请律师向法院告工部局，理由是：工部局既然知道房子需改造，为什么又发执照？既然发了执照就不应该中途命令停业。工部局的理由也相当充分，说既然发现房子有问题，不能不防患未然，万一房子烧了、倒塌，天蟾是否承担责任？天蟾方面又说，营业计划中途停止，一年损失不少，房子可以拆，但损失应由工部局负担。结果工部局赔偿天蟾20万，将房子拆了。戏剧家欧阳予倩就此事写了一篇《法治啊法治》的文章，感叹道："其实那时工部局要强制执行，天蟾舞台也无力抵抗。然而工部局丝毫没有蛮干，竟以被告败诉而赔款，据说那就是根据法治的精神。倘若在以前军阀的统治下，那就绝对不用那样麻烦，不要说持有正当理由去拆一所逾龄的老房子，就是他们为了自己的私宅要拆除百姓一所新房子，只要暗中示意，就没有那个敢说不肯。"天蟾舞台的官司一事，反映了当时工部局相对有效的建筑管理规制和法治精神。

欧阳予倩也是上海滩上大红大紫的演员，在京剧界与梅兰芳齐名，有"南欧北梅"之称。他曾应上海艺术大学"鱼龙会"邀请，以五天之力，编成五幕《金瓶梅》，获得意外成功，识者认为是中国剧坛的巨作。为在天蟾舞台演出，欧阳予倩将其改编为六幕，最后一幕是"悔不当初，桃花脸上千行泪；凭君割取，雪白胸膛一颗心"。全剧精神，自

右图1　天蟾舞台的广告（1933年6月）

右图2　天蟾舞台的广告（1938年10月）

在最后一幕的武松举刀刺向金莲之心，金莲掀衣就刃时的一段话。《申报》发表《欧阳予倩新编潘金莲今日公演》的文章，指出："真如徐悲鸿君所云，翻数百年之陈案，揭美人之隐衷，普天下观者，当为击节。其第二幕、第四幕，一写潘金莲崇拜力与美之超人主义，一写武松挫弱扶强之正义观念，相异之性格与主张，怦然相击，诚人间不数闻之曲也。"欧阳予倩与《金瓶梅》为天蟾舞台带来的声誉是不言而喻的。

在 1931 年出版的导游书《新上海》（商务印书馆）里，天蟾舞台是作为上海主要剧场介绍的：

> 福州路、云南路转角。三层花楼三角、包厢五角，特别正厅七角，头等正厅五角，三楼特等二角，四楼特等一角，重要演员有小杨月楼、麒麟童、刘筱臣、朱雅南、小达子、郝寿臣、赵君玉、雪艳琴等。此时的天蟾舞台为顾竹轩主办，角儿人等和台主手臂相连，天蟾的演员不大更动，始终共患难，这是难能可贵的。天蟾以《封神榜》一剧最得名，除了布景新奇逼真外，全班角儿都有真功夫，像台柱麒麟童（周信芳）在上海伶界中的声誉素著，极受大众欢迎。麒麟童的妙处在功架上，仿效的伶人很多。青衣小杨月楼，有南方梅兰芳之称。朱雅南（原名乃赓），乃票界名宿耐根先生之夫人，为海上坤票泰斗，歌喉清雅，仪态万方。

天蟾舞台，无论是九江路时代，还是后来迁移到福州路，虽然均位于上海的市中心，但是大雨带来的路面积水，也给舞台造成难堪，成为雨中街道的特殊风景。特别是福州

右图　美国名歌舞家安吉来天蟾舞台看戏

路、云南路口，一遇暴雨，常有积水，马路水深达二尺许，而大门内外，蓄水尤深，后台及大厅前一二排，亦水深数寸。观众看戏，乘黄包车来者，即令车夫拉入铁栅门扶梯口，以便跨上楼梯，而乘汽车者，以门窄不能驶入，则请人力车摆渡，当然，也有请人背入的。有时，少妇自车门出来，跨入剧场扶梯时，不慎一足滑入水中，"鞋袜、裤脚，淋漓尽致，当时痴立梯次，状颇犹豫，揣其意似欲返身归去，又不要舍此轰动一时之好戏不看，结果宁受潮湿，依然登楼观剧，亦可谓苦与乐俱矣"。（《天蟾舞台之花花絮絮》，《申报》，1928 年 9 月 17 日）

有一年 7 月，上海连续下了五天大雨，天蟾舞台前积水不退，福州路拐角处的一家养鸟商店，原来养了许多蛤蟆，准备卖出治皮癣的，不料铁丝笼坏了，蛤蟆都逃出来了，在天蟾舞台面前的水塘里跳跃。时人戏称"天蟾舞台钓天蟾"，成为街巷的一时笑谈。

右图　天蟾舞台的广告（1941 年 8 月）

云南路是一条小马路，如今遍布着等待拆迁的旧宅
新民主主义革命时期，我党一处秘密机关就设置在此
图为纪念馆内景

云南路上的秘密机关

云南中路 171—173 号，1928—1931 年中共中央政治局机关旧址，原建筑无存，现天蟾舞台南侧的纪念馆

1927 年 7 月 21 日，《申报》刊登生黎医院的开诊广告："本院由前慈溪保黎医院、宁波体生医院医药主任来沪组成，专治眼科、喉科、花柳全科，统治内外各科，于 7 月 20 日，阴历 6 月 22 日开诊，地址在云南路大新舞台隔壁。名誉院长吴莲艇，院长周生来，会计邵彭寿。"第二天，生黎医院又刊登"诊例声明"："本院专治眼科、喉科、花柳全科，统治内外各科，定门诊时间每日上午 9—11 时，下午 1—5 时，余时出诊。诊金上午仅收号金二角，下午号

金二角，诊金一元，出诊英租界五元，界外面谈。"在上海众多的医院广告中，这是一家并不显眼的小医院。此后在《新闻报》等报刊的广告中，生黎医院特意加上了介绍人的名单，都是上海商界的大人物，如王正廷、虞洽卿、王一亭等 11 人。

据 1928 年上海特别市卫生局的资料，生黎医院位于云南路 447 号，院长周生来，27 岁，毕业于浙江宁波英国圣道公会医科专门学校。名誉院长吴莲艇（欣旺）是慈溪保黎医院创设人，该院为慈溪当地唯一的医院。

生黎医院位于云南路落成不久的石库门两层楼房屋，隔壁是大新舞台（1930 年改成天蟾舞台）。在上海闹市区的一角，没人会想到，那家医院的二楼，竟然是中共中央政治局的秘密机关。

1927 年大革命失败后，革命进入低潮。10 月，中央常委和中央机关陆续迁回上海。为确保党组织的安全，中央确定党的各级机关要群众化、社会化，以商店、住家等形式出现，驻守机关和来往机关人员的举止言行都要与之相称。以此为原则，重新建立的众多中央机关大都秘密分散在租界内居民住处。

1928 年 4 月，湖南籍的党员熊瑾玎从湖北转移到上海，他接受李维汉的指示，留在上海担任中央秘书处会计科科长，主要任务是筹集和管理经费，并在上海建立一处中央政治局开会办公的秘密机关。当时在上海的中央政治局成员周恩来、瞿秋白、苏兆征、李维汉等人，在上海各有住处。

熊瑾玎以商人的面貌出现，在上海找到的地方就是生黎医院的二楼。那幢房屋，一楼是医院，空闲的二楼有三大间房，其中一间较大的房间为客厅，可供政治局开会。上海弄堂的街面房，一楼被作他用后，二楼居家一般都从后门进出，小弄堂人少，不易引人注意，而隔壁大新舞台进出人员较多，也便于掩护。

熊瑾玎租下生黎医院的二楼后，挂起"福兴商号"（又称"福兴布庄"）的招牌，以销售湖南纱布为名。那里成为政治局开会的地点，开会时，会放一些布匹在大桌上，旁边还放着算盘，万一有人进来，就装成是看货议价的样子。

为方便福兴商号的工作，周恩来和李维汉要熊瑾玎推荐一名女同志来协助秘密机关的工作，对外身份是老板娘。熊瑾玎介绍熟识的湖南籍女党员朱端绶，得到批准。朱端绶到上海后，没有立即前往福兴商号，而是被人接到旅馆安顿，一是担心敌人暗中跟踪朱端绶，暴露中央政治局秘密机关。二是以假夫妻为工作掩护，由组织出面说明较妥。

在确认没有人跟踪以后，朱端绶才由旅馆进入福兴商号。熊瑾玎将自己的卧室让给朱端绶，自己在客厅打地铺。此后，再带朱端绶拜访生黎医院院长及几家熟悉的近邻。朱端绶在自传中谈道："中央政治局开会的机关，对外是'福

右图　福兴商号旧址

兴布庄'。这里一共三间房，外间办公，内间是卧房，后房
是厨房。我和熊瑾玎对外是夫妻，对内是同志，晚上各自
睡觉。我每天吃好晚饭，做好我应做的工作，就到内房把
门拴好，自己看书学习。"

全部安顿好以后，熊瑾玎将这所秘密机关的重要性及工作原
则等告知朱端绶："现在中央根据近半年来各地党组织屡遭
破坏的血的教训，提出了机关群众化、负责干部职业化的方
针，这样敌人就不易侦破我们，我们也便于联系群众了。我
们这个机关挂的是福兴商号的牌子，实际上是中央政治局开
会的地方，重要会议多在这里召开，重大的方针政策在这
里讨论决定。我们的任务是要做好保密保卫工作，使周围邻
居相信我们是经营湖南纱布的商人，来往的人都是商业上的

顾客和朋友。这就要求我们时时记住与邻居交谈时，只谈生意和日常生活方面的事，绝对不要涉及政治方面的问题，更不能参与外面那些轰轰烈烈的游行示威活动，要甘于做默默无闻的工作。屋内开会时，你要利用外出买菜、买其他东西或者装着与邻居闲谈的样子，在楼下注意周围的动静，发现形迹可疑的人，就要立即回来报告。如果不便于立即转回，就用大声呼唤附近走过的小贩买东西，或者呼唤楼下邻居的小孩等不会使别人怀疑的方法，通知屋内开会的人。"

根据李维汉的回忆，当时中央（留守）在六大开会期间，主要抓了以下几项工作：一、开展反日运动，同时反对英美帝国主义趁机侵略中国，反对国民党政府勾结英美出卖山东、满洲权益给日本帝国主义；二、建立城市工作的群众基础，加紧城市工人运动；三、整顿和发展农村工作，注意组织农民暴动；四、派得力同志到敌军中工作，加紧士兵运动；五、整顿和发展党的组织，加强党的秘密工作等。一些党内事务以及中央对各地红军发出的重要指示，均在福兴商号讨论酝酿。

同年 10 月，周恩来在莫斯科参加党的六大以后回到上海，他与项英、李立三等人常在福兴商号办公开会。在老虎灶买开水、在弄堂附近放哨、准备午餐等工作由朱端绶承担，她生怕自己的疏忽给党的秘密机关带来损失，感到有些不安。一次，她对周恩来说："我是在乡下长大的，没有见过世面，万一出了差错，怎么办？"周恩来安慰她说："你这个小妹子，很机灵。同志们对你的工作很满意。至于怎么保护这个秘密机关，我会专门派人与你详细谈一次。"

1│2

几天后，周恩来派人到福兴商号，教朱端绶如何根据时间、空间条件放置示警标志。来人说，根据福兴商号的客厅情况，平时可在窗口的桌上放置一盆较高的仙人掌，同志们在楼下的弄堂口都能看到，出事时千万要将仙人掌拿开。冬春之际可在厨房的窗口拉绳子晾晒腊肉腊鱼，出事时，将它们拉到看不见的地方。晚上，将窗帘拉密，不让灯光泄露，出事时，漏出一些灯光，作为示警。反正要根据季节与白天黑夜等不同条件设置示警标志。

熊瑾玎在湖北工作时，就已经爱上了朱端绶。两人在上海共同工作期间，更加深了感情。关心体贴干部的周恩来有意促成他们的婚事，一天，他同李维汉、邓小平等人在福兴商号开完会后，意味深长地对熊瑾玎、朱端绶说："瑾玎

左图1　1938年熊瑾玎、朱端绶夫妇合影

左图2　熊瑾玎、朱端绶夫妇

右图　修缮后的中共中央政治局机关旧址（1928—1931年）

同志，你是我们革命的'老板'，现在店里还需要一位机灵的真正'老板娘'，我看端绶同志担任这个角色很合适。"李维汉、邓小平等都鼓掌赞成。朱端绶说："党需要我这样做，我一定当好这个真正的老板娘。"

从 1928 年夏建立到 1931 年 4 月安全转移的三年中，来福兴商号开过会的中央政治局、中央军委、江苏省委的领导有周恩来、项英、瞿秋白、李立三、彭湃、李维汉、李富春、任弼时、邓中夏、邓小平等。当时中央规定，不是碰头开会，即使是中央领导人也不能随便来福兴商号，更不准用福兴商号作为联络地点。在白色恐怖的腥风血雨中，这个党中央重要的秘密机关历时三载，始终安然无恙，这也是中共中央早期在上海活动时间最长的一个核心机关。

1931 年 4 月，中央政治局候补委员、特科总负责人顾顺章在武汉被捕叛变，中共地下党员钱壮飞获悉后，迅速向中央特科报告。周恩来等中央领导及时采取果断措施，熊瑾玎、朱端绶将中央文件、账簿等转移到别处隐藏，这处机关就此被放弃。

上海是中国共产党的诞生地，也是长时期中共革命运动的指导中心。云南路上的秘密机关，就是当时党的一处指导中心。熊瑾玎、朱端绶夫妇驻守该秘密机关，谨慎细心、严密周到，得到周恩来的高度评价："担任党中央最机密的机关工作，出生入死，贡献甚大，最可信赖。"

右图　中共中央政治局机关旧址铭牌

云南路、北海路上的中央大戏院立志襄助国产电影事业
为上海滩的社会公益尽心尽力
剧院的命运，亦乘着时代的浪花起起伏伏
图为中央大戏院原址上，茉莉花剧院（建设中）的建筑效果示意图

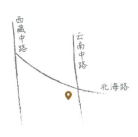

风光一时的"国片之宫"

北海路 247 号原中央大戏院，现为建设中的茉莉花剧场

1925 年 4 月，上海的报纸刊登中央大戏院开幕宣言："夏正四月朔后一日，就是上海多添一家电影院底一天。上海电影院也不少，再添有何必要？有！有！上海电影院太不肯为中国人打算，吾们不愿给外人操纵电影事业太过，所以认为有添加的必要。"夏正四月朔后一日，就是公历 4 月 24 日。

中央大戏院的开幕宣言表明目的与所负的使命。20 世纪 20 年代，中国电影进入发展期，新片层出不穷，但沪上缺少放映国产电影的高级电影院，除雷玛斯所设的恩派亚、夏令匹克两院外，其余电影院皆不常放映，间有放映者，因租金昂贵，国产电影公司不易获利，而一般小电影院虽放映国产影片，但观众层次庞杂，吸引不了中上层人士。于是，宁波商人张长福、张巨川等人筹资创设中央大戏院，以放映国产片为主。

中央大戏院位于云南路、北海路交叉口，原申江亦舞台的旧址，有 1177 个座位。开幕当天，放映上海影业公司的《传家宝》，由美术家但宇学导演、殷明珠主演。

中央大戏院开幕不久，正值"五卅"运动爆发。中国民众激于反对帝国主义的爱国热情，在抵制"仇货"的过程中，也抵制英、美电影，观众纷纷涌进中央大戏院看国产片，该院忙得在一周内换片两次，为一时之盛。

1926 年 4 月，中央影戏公司设立，中央大戏院与新中央、恩派亚、卡德、万国、中华、平安等七家影戏院被收编。同时，因雷玛斯在沪经营电影院 20 余年，获利颇多，意欲回国休养，中央影戏公司承租其属下的五家电影院。中央影戏公司的目标是"提倡国产电影"，而中央大戏院是公司旗下的首轮电影院。

中央大戏院归属中央影戏公司以后，对于院内一切设备大加革新，收票、招待等职员，皆穿制服。院内每日清扫两次，夏季置电风扇，使观众安然观剧。此外又置备 30 余座电炉，使观众在冬季不致寒冷。为使银幕明晰起见，又委托南京路汇通公司向外洋订购电力极强的发电机一座，并采用两台最新式的慕维通（Movietone）放映机。

1926 年，中央大戏院是名副其实的"国片之宫"，众多国产新片都在那里首映。中华第一影片公司的《好寡妇》，由王汉伦、顾宝莲、周世勋等主演，自试映以来，深受各界赞许。上海各大戏院纷纷向该公司争先租映，但是，首先租得放映权的是中央大戏院。影片于 3 月 17 日正式放映，并聘请主演王汉伦、顾宝莲登台串演昆剧《出猎》。放映前，在院内外添装五彩电灯千余盏，并请著名灯彩专家精扎走马灯一座，内置《好寡妇》剧情照片。观众入场前，见"黑影幢幢，往来于白灯之上，新奇异常"。

同年 5 月，国光影片公司摄制的《母之心》，由杨小仲导演，以寻常之事实，表现人伦之情义。当时，上海的一些电影，每表现男女爱情之情节，以热闹见称，但是该片以冷静的头脑，摄此家庭伦理片，具有较深的社会教育意义。15 日，在中央大戏院试映时，观众千余人。16 日至 18 日，连映三天。公映前，有人在报纸发出呼吁，推荐青年去观赏该片："明天，《母之心》在中央大戏院要公演了，我诚恳地向我们远离母亲的青年们奉告一声，世上只有母亲的爱是真纯的，世上可贵的是母亲的心。去！去！去！在《母之心》的演映中，忆起了爱你的母亲，回味母亲对你的爱。"

《伪君子》是长城画片公司摄制的第六部电影，侯曜编导。

该片颇受易卜生《社会栋梁》和莫里哀《伪君子》的影响，揭示社会的虚伪性。时人评论："统观全剧，庄严处得其端肃，寓意处得其真挚，插意处得其诙谐，且能切合时事，寓意深远，唤醒愚民崇拜官僚劣绅之恶习不少，诚编剧能手也。""该片摄影颇佳，配景亦美，其光线无过明过暗之弊，无重复简陋之处，在国产片中为不可多得之成绩。"该片于 5 月 26 日在中央大戏院开映，日夜场均客满。

《小情人》由郑正秋编导，为明星影片公司第二摄制场建成后的第一部出品。女主角由初出茅庐的倪红雁饰演，有一天在龙华拍摄外景，导演叫她爬上树去，她在树上忽然看到树穴里有一条很大的蛇蜕，吓得直叫"姆妈"。中央大戏院试映的那天，倪红雁因得到招待票的时间太晚，未能到戏院观赏自己的作品，后来在家里对孩子大发脾气，大哭大闹了一场。有人说："可惜这许多真眼泪，未能在银幕上表现出来，否则这场表演，不知要赚得观众几许眼泪呢？"6 月 13 日为《小情人》在中央大戏院正式公映的第一天，日夜卖座极佳。日戏至下午 3 时，包厢已订满。

在国民革命军北伐过程中，五洲影业公司摄制人员从广州随同出发，历时八九个月，跋涉数千里，完成纪录片《蒋介石北伐记》。1927 年 4 月 27 日，在中央大戏院试映。其中，国民请愿北伐、总司令蒋介石就职典礼、黄埔学生、女子革命军、战场激战等无不摄集，观众赞叹其为"北伐战事之雄壮写真，革命工作之奇伟影片"。北伐第七军自下马关出发，往攻德安，三民影片公司摄影师也随军前往，

右图一　电影《空谷兰》剧照

右图二　电影《小情人》剧照

二军血肉相搏，摄影机被毁，摄影师仍泰然处之。第七军进攻山顶时，摄影师亦不顾危险，紧随其后。1928 年 5月，以第七军为题材的《革命军战史》制作完成，其中还有国民政府就职典礼、李宗仁亲临前线督战、孙中山陵园建设等珍贵历史镜头。此片首次公映，亦在中央大戏院。国民革命军的北伐具有很强的社会影响力，相关纪录片在该院首映，可见中央大戏院在当时国产电影界的地位。

与此同时，慰问国民革命军的各界活动也在中央大戏院进行。如上海妇女慰劳会曾筹款十万元，购物慰劳前线兵士，1927 年 4 月 4 日至 6 日，由陆小曼、唐瑛发起，邀请海上名媛及文艺家在中央大戏院举行演剧的慰问。4 日及 6 日，洪深、应为云及唐瑛、钱剑秋、郑慧琛诸女士主演《少奶奶的扇子》。5 日为昆曲及京剧，陆小曼、欧阳予倩、江小鹣、李小虞等出演。同时，发行慰问演出的特刊，刊登上海妇女慰劳会发起人郭泰祺夫人、何应钦夫人、白崇禧夫人以及陆小曼、唐瑛、郭慧琛诸女士照片，共数十帧，并附插画。特刊用铜版纸精印，由徐志摩任编辑，江小鹣绘画，梅生摄影。撰稿人有周瘦鹃、洪深、陆小曼、唐瑛女士等。

同年 8 月，上海妇女慰劳会剧艺部又在中央大戏院表演昆曲及京剧。唐瑛以"拾画叫画"登场，态度儒雅，扮相清秀，念白字字清爽，唱句丝丝入扣。压轴戏为《汾河湾》，陆小曼嗓音虽不甚高，韵味却甚佳，做工细腻，表情周到。"有心胸有志气"，几句道白，面色惨淡，怒火中烧，似有无限怨恨，无限失望。唱"自你投军十八春，为妻为你受

1 | 2 | 3

苦情"一段，幽怨缠绵，悲欢交集。三日演出，当此大热天气，女士们头上裹着网巾，戴着大帽，身上穿着褶子，衣着箭袍，并不因天热而有一线畏惧退缩。其热心勇气令人钦佩。

中央大戏院也是上海文艺界演出的主要舞台。1931 年 8 月，水灾蔓延 16 省，灾情之重，为百年所仅有。中央影戏公司所属各戏院将选择放映佳片三日，所得售资，悉数助赈，并邀请新剧界巨子、电影明星在中央大戏院登台献艺。刚刚成立不久的左翼戏剧家联盟旗下的大道剧社在中央大戏院演出话剧《街头人》，博得市民的称赞，主角郑千里（郑君里）与胡萍被电影界发现，两人因此成为著名的电影演员。郑君里，毕业于南国艺术学院，此后加入联华影业公司，主演《火山情血》《奋斗》《大路》《人生》等影片。胡萍参加演出《街头人》后，进入电影界，成为艺华影片公司的台柱，后来转入新华影片公司，主演过《青年进行曲》《夜半歌声》等电影。

中央大戏院作为"国片之宫"的时间并不长久，由于一些国产片粗制滥造，武打神怪片活跃影坛，自毁前途。中央大戏院为营业所迫，不得不加入欧美影片。1933 年，国产电影进入复兴期，但新颖电影院不断涌现，如大光明、大上海、金城等，此时的中央大戏院无奈地沦为二轮电影院。

北海路僻静一角，那幢折扇形的建筑，在如今的高楼群里，已经不被人注目。但是，曾经的风光一时，亦是不可忘却的历史。

右图 1　在中央大戏院演出的顾梅君女士
右图 2　中央大戏院的广告
右图 3　中央大戏院旧影

云南路上的仁济堂，曾是闻名沪上的大善团
随着建筑的消失，其义举也渐渐被市民遗忘
图为仁济堂原址，今明珠中学

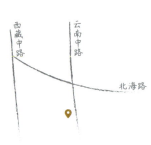

被遗忘的仁济堂

云南中路 35 号，原建筑无存

云南路靠近六马路（北海路）的转角处，有一座庙宇式的平房，闻名全沪的大善团——仁济堂就在那里，"仁济堂"的匾额为清代学者俞樾题写。

仁济堂，初名"文明堂"，1867 年设于今南京路虹庙附近，主要从事社会公益事业，进行"敬惜字纸"的清洁运动，开设"私塾"的儿童教育，举办"乡约"劝善运动，此外还致力于恤贫、恤嫠等慈善活动。

文明堂开设后，事业渐渐扩大。不久迁往六马路，改名"中和局"。同时，又开设施诊给药的善业，成为当时贫民的救护者。中和堂的慈善事业，得到社会各界和地方政府支持，沪上慈善人士亦纷纷加入。1881年，为扩充善业范围，上海北市丝业会馆董事施善昌等人集捐3000余金，置云南路35号地产，自建平房，改名为"仁济堂"。由于地处六马路的交界处，也称六马路仁济堂。

仁济堂是纯粹的民间慈善团体，上层组织是董事和董事会，须年满30岁，品行端方，有正当职业，热心公益，经董事二人介绍，经董事会全体通过后方可成为董事。董事会推荐董事任总董、副总董，负责交际、审核文牍、经济、产业调查、教育、医学庶务等事务，均尽义务，不取津贴。总董主持堂中一切事务，各科另雇员役办理事务。仁济堂的主要事业是：施医、施药、育婴、施衣米、施棺、赊棺、赊葬、义冢、恤贫、恤嫠；对于上海及别处发生灾荒等事，尽力奔走劝募及以基金捐助；作为慈善事业的教育，设立义务学校、贫民露天学校及夜校等。

仁济堂的南北大厅是内科、儿科、外科、眼科、针灸科的诊疗室。每天上午坐满就诊的贫民。给药科位于西厢，与沪上普通的国药号一个模样。其对于药品的要求非常严格，即药材选择，务求道地；配合调制，必须谨慎；按方配药，不疏漏、不错误。当时的病人不是排队就医，而是围坐在方桌边挨个就医，医生每天要诊疗好几桌的病人，他们细心询问症候，慎重诊疗，对于缺乏文化知识的贫困老人，更是温和地反复解说。有病人对记者说："出了重金，也请不到仁济堂那样的大夫。"1927 年，仁济堂诊疗病人 13.4 万人，施内科药 12.1 万件，外科药 2.4 万件。

仁济育婴堂设于 1888 年，最初在堂内的余屋里开办一个"留婴局"，专收弃婴，雇用奶妈抚育，以全上苍好生之德。不过初期因经费与房屋等条件限制，比较简陋，办理久后，赢得社会信誉，经费稍为充裕，于是正式改名仁济育婴堂，并于 1920 年筹款在跑马厅路（今大沽路）购置房产，才走上正轨。这所慈善的育婴堂，隔着辽阔的跑马场，与静安寺路（今南京西路）高高的大楼遥遥相望，具有强烈的对比。

1941 年 4 月，《东方画报》第 4 卷第 1 期刊登"上海仁济育婴堂"十张照片，指出上海仁济堂主办育婴堂，是上海最重要而完善的慈善机构之一，"上海自受日军支配以来，民生日益穷困，贫民无力养育儿女者，不可胜数，育婴堂之需要，尤为迫极"。图片的首幅是育婴堂的警告标语："人莫不爱其子女，顾以贫穷所迫，不得不以骨肉送入育婴堂。"其余照片分别是：院中护士接收贫民寄送之婴儿；登记婴儿出生年月、家属情形，以期后日团圆；不幸之大幸，虽失父母之爱，在院中受完善之养护；每星期磅一次，视其体重增加与否；哺乳；清洁第一，每日沐浴一次；稍有不适，即予以疗治，量寒热是第一步；打针；敷药。在日军侵占上海，苏州河南岸租界成为"孤岛"的艰难时期，仁济育婴堂的这些照片，闪烁着华人慈善家的人道主义光

右图 1　云南中路 35 号，今明珠中学

右图 2　早期的仁济堂绘图

辉。何为人性，此为证明。

1946 年 11 月，《申报》刊登"弃婴的'集中营'，'社会父母'的仁济育婴堂"的报道，客观地反映了该堂的真实情形："仁济育婴堂所收容的婴儿，分别用天然或人工的营养品养育着，人工营养部占房屋二间，排列着 20 多只小铁床，每只床上，卧着一个可爱的婴儿。婴儿们的食品，以奶粉、奶糕为主，有时也得到一点外界捐助的鲜奶，营养勉强足够。护士们分班日夜轮流照顾着。喂奶入浴，都有一定时间，每天还规定测量体重及体温各一次，分别记载，以供医生查考。""天然营养部，是在东边一连的三个房间内，排列着四五十只藤制的小吊床，雇着十几个奶妈来担任抚养的工作，每人认定两名或三名，如遇婴儿过多时，则搭吃一点奶粉、奶糕等替代品，以补人奶的不足。另外有一位女管理员，主持奶妈们的考勤及进退诸事。"

仁济堂收养的婴儿，允许一般无子女的人前往领养。领养手续是首先填具申请书，经仁济堂审核后，由领养人与保证人填写保证书，再由仁济堂派员调查，确认领养人身家清白、职业正当，且有负担婴儿养育能力，由仁济堂发出通知，方得前往抱领。

为了帮助贫民度过寒冬，施衣是仁济堂每年都要做的善事。1928 年冬天，仁济堂施新衣 694 件。1937 年"八一三"事变爆发后，难民达 50 万之上，是年寒冬，兼以雨雪霏微，虽有大批施主，施给贫民棉袄、棉裤，唯粥少僧多，

右图 1　仁济育婴堂的内景

右图 2　仁济育婴堂的哺乳情形

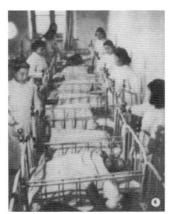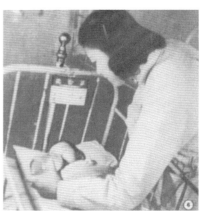

1｜2

不能满足需求。仁济堂为防止无耻者冒领，制定领取者打手印的办法，请公务机关派员参与，对于重复领取者，经查出，一律示众告诫。

过年过节，对于一般人是乐事，但对于穷人来说，是凄惨的过年关。1937年除夕，仁济堂内的"辛未救济会"发米给无食者。因为没有预告，知道的人不多，最初每来一人，发米二升。然而，来领的贫民就是广告，他们回去一说，很快就来了许多人。一时天井里聚满了三四百人，"没有一人不是衣衫褴褛，鹄面鸠形，甚至蓬首垢面的也不少，一幅愁惨情状"。贫民进门领米前，每人在手臂上盖上一个紫色的"辛"字，领取后则盖上"作废"字样。每人收到二升米票，到八仙桥一家米店换取，同时还收到大洋两角。虽然，这些米不足维持几天的生计，但是他们好像忘记了愁苦，不知不觉地快乐起来，《新闻报》记者写道："待到300多人一一发完，这一群无产者的集团里，虽然他们的身上还是那么寒苦的可怜相，可是他们的心头上好像已经燃起一把火，由内燃烧而遍体发热，由周身热烈而举动也活泼了，笑语也起来了。"

仁济堂与上海其他的慈善机构一样，除了推进上海的慈善活动外，还积极参与全国甚至海外的慈善活动。一旦战乱、灾害、灾荒等发生，立即会组织力量募款赈济。"试问各省水旱偏灾，何一年不在上海募捐？"有人写过一篇题为"仁济堂的招牌"的文章，指出："上海极大的慈善机构，一切办理慈善事业的团体，大多借此为办事处，如

右图 1　1937 年 9 月，仁济善堂门前，上海慈善团体联合救灾会救济战区难民委员会振品输送出发情形

右图 2　慈善赈济活动

果经过其门，见招牌如堵，有'国民政府赈务委员会驻沪办事处''筹募各省水灾赈款委员会''辛未救济会''江苏灾防会''各省旱灾救济会''慈善团体联合会''卫国将士遗族抚育会'等。无论寒暑晴雨，每次经过时必见。有时某地有灾害出现，则又有新的招牌出现，几若江涛之后浪逐前浪，今年赈务未竣，明年又处处告灾，而仁济堂前的招牌，永无撤除之日。顾沪人欲知中国各地之有无灾害者，只需过仁济堂一观其招牌之有无即可。"事实正是如此，如1920年为大灾之年，水旱灾害交替发生于中国大江南北，灾区达十余省，灾民约数千万人。灾情发生后，仁济善堂设"湘陕闽浙筹赈处"，为灾区募款。1921年夏，淫雨不已，长江中下游七省205个县受淹农田500多万亩，受灾人口2800多万人，直接死于水灾有14.5万人，其中以江、浙、皖被灾最重，仁济善堂发起成立"江浙皖水灾义赈会"。

1923年9月1日，日本发生关东大地震，9月6日下午3时，在仁济堂召集各公团各善团组织机构联席会议，成立"中国协济日灾义赈会"，组织各慈善团体及公私法团等垫募白米6000担、面粉2000余包以及木炭、药品等生活急需品，由轮船招商局"新铭轮"运日赈济。"新铭轮"8日上午10时从上海启航，12日抵达神户港，救济物资随即运往灾区。船上悬挂白十字蓝旗，并于左船侧挂"中国救济日灾义赈会"之横幅。日本各报均纷纷报道中国救济日灾船到境的消息，《大阪朝日新闻》刊登社论，感谢善邻中国民众的同情心："中国人会出此热心来救日人的灾难，是日人梦想不到之事。大惊叹中国人此次行动之敏捷，而感谢中国人的高义。""新铭轮"是日本关东大地震发生后，来自国外赠送救援物资的第一号。

云南路的那幢平房已不复存在，"仁济堂"匾额也不知落在何处。然而，慈善伟业不是以高大建筑物为标准的，人性高贵是留在人们心中的。读者诸君，行善同心，如果有机会走过那条小路，请回望那处被遗忘的地方。

左图 新铭轮

近代的饭店是旅客的安乐乡，是市民消夏休闲之胜地
更是都市逸闻的舞台
图为西藏中路上的远东饭店旧址

"远东"的五光十色

西藏中路 90 号，原远东饭店，现为商务大楼

北海路，就是六马路，位于广东路与爱多亚路（洋泾浜，今延安东路）之间的一条很短的东西向马路。北海路、西藏路口，就在跑马厅东端，也是上海的中心之地。远东饭店是此路口最早开设的西式旅馆。

远东饭店由徐乔笙等人投资 20 万元建造。徐乔笙在 1922年 8 月创办联泰印刷公司，有两部英国最新式的印刷机。与此同时，他看中上海旅馆业发展的新商机，与二三同仁合资筹办建造大旅社一所，最新式四层高大洋房，位于西藏路、北海路口，即南泥城桥东堍，定名远东饭店，并在《申报》《新闻报》《时报》刊登筹备消息。不料，登报发布后，另有同名饭店筹建的消息传出，徐乔笙不得不再次发声：此事经鄙人一手集合，筹备数月，凡事概不假手于人，"名称尽同，组织各别，诚恐各界误会，特此登报声明"。由此可见，远东的上海，冠名"远东"是个大热点。

1922 年 11 月 4 日，远东饭店筹备处在福州路大观楼设宴招待各界人士百余人，席间徐乔笙致辞，来宾均举杯祝远东饭店的事业成功。次年 6 月 10 日上午 10 时，远东饭店正式开幕，朱葆三、王赓廷等中外来宾约千人出席，气势亦是不小。

20 世纪 20 年代的华商旅馆业经营者适应国际潮流，注重学习欧美物质文明之长处，适应旅客之时代需求，远东饭店"应潮流之需求，均已改格焕然一新，有美必增，无善不备，并非空言"。

中西菜："欧风东渐，华人喜西食者日多，沪江菜馆如鲫，若不别出心裁，何能驾冠上乘，今将菜单逐日标明，以供老饕者评论矣。"

电话："营业发达，端赖消息灵通，本店房间不论大小，均有电话，每日通话四次，不另取费。"

电灯："人生强弱，于阳光呼吸最有关系，敝处装置最新式护目灯泡，光耀如同白昼，深得光学原理。虽通宵达旦，无碍卫生。"

淋浴："文明各国首重卫生，敝处楼台较高，地处幽静，空气充足，为本店之特点，至于洁身自爱，务宜勤浴。本店四元以外房间均装洋磁浴室，即公共浴室，清洁无比，随意洗澡，概不收费。"

远东饭店设客房100间，半数有浴室，间间有电话，价格自二元半至七元不等。内部装饰，每间风格均不同，所用茶役，均训练有素。后来为旅客乘凉起见，又在屋顶搭露天花棚，并设雅座，供应西餐及汽水、冰激凌等各种冷饮。有人在《申报》撰文说，旅馆在上海人的眼光里，大概就是夏令唯一的纳凉场所了："跑马厅一带的西式旅馆，每晚总是满坑满谷，生意拥挤非常，阳台上站的多是些本地旅客，谈笑声中夹杂许多莺声燕语，电风扇呼呼价作响，灯光也闪闪地发出光芒。一会儿西皮二黄，一会儿吆五喝六，东唱西随，彼此在那里酬答。时间很短促的夏之夜，真容易过呀，不一会儿又是赤日东升了。这种纳凉法子，大约只有上海通行罢。"文章发表于1924年夏，东方饭店还没有建成，而刚刚兴起的远东饭店应为跑马厅一带旅馆纳凉的景观之一。

平民教育运动，始于五四时期，是一部分青年知识分子为探寻改造中国道路而开展的运动。要拯救中国必须首先改良和革新教育，而改良教育的方向就是使全体人民都受到

民主与科学的熏陶，尤其要使目不识丁的工农群众受到教育。1924 年 4 月 12 日，为宣传平民教育，上海举行轰动全埠的平民教育大游行，落成不久的远东饭店作为活动的集合点而受到市民的关注。当天上午 10 时，平民教育社召集职员在远东饭店开会，下午 1 时起，各学校各团体共 90 余个，5000 余人陆续在远东饭店前面集合，2 时，总指挥部报告游行宗旨，2 时半出发游行，经西藏路转入爱多亚路（今延安东路），经天主堂，入民国路（今人民路），至西门公共体育场门前解散。途中，游行队伍高唱劝学歌，散发"读书好"的传单，市民甚为感动。

20 世纪 20 年代，上海舞厅的风气日盛，远东饭店自然不甘落后，"辟有舞场，备极华丽，以供高尚仕女娱乐之处"。1928 年，远东饭店的跳舞厅为增加来宾兴趣，新添跳舞研究传习所，每逢星期六、日，举行化装舞会，赠送彩帽、各种玩物等。舞厅聘有许四小姐、李丽珍、高秋心、张月珍等 20 余名舞星，舞艺纯熟，交际活泼，招待周到。跳舞有奖励舞衣和皮鞋等的活动，舞衣由南京路新昌公司定做，皮鞋由靶子路（今武进路）世界革品公司定制，均为上海名牌。

然而，好景不长。等到东方饭店在北海路北侧建成以后，上海的跳舞高潮已回落，大饭店的副业已从舞厅转为书场。其原因是说书在长江下游地区的游艺界中占很大的市场，尤其以苏州为最。而上海紧邻苏州，得风气之先，无论是租界、华界，均有书场之设，且常常客满，东方饭店书场

右图　远东饭店的广告

1 | 2

的成功便是一例。远东得知此情以后，乃思而竞争，将原有舞厅改为书场，但上海的书场名角大多已与东方饭店签约，且远东的场地较东方简陋，并不适合作书场。因此远东虽有此意，但并不能与东方并驾齐驱。

近代的魔都上海，既是天堂，也是地狱。旅馆是都市的一扇窗户，折射出社会的五光十色。翻阅当时报纸，负面社会新闻不少，《情场争斗，远东饭店开枪，祸水燕春楼老八，高连生纠众放六枪，戚老虎受伤得不死，此种精神应上前线》《顾增祥之被绑经过》《绑匪伴肉票返家取款，昨日两匪徒推翻前供》《日人松原自首之经过》《远东饭店旅客吸烟与茶房贩烟》等，均与远东饭店有关。

1938 年 12 月《时报》的《夫妇反目，一气轻生，远东饭店有经验的茶役救活一命》的新闻引起市民的关注：远东饭店 510 房间旅客余艺丞，系化名，其实名为余资通，24 岁，就住在远东饭店对面的文元里。12 月 17 日上午 9 时 50 分，茶役发现其服毒自杀，立即报捕房召救护车，送仁济医院急救，幸发觉尚早，经抢救后出院。经调查，其于 16 日晚 8 时许单身入住四元房间，并嘱茶役于次日中午 12 时呼唤。当天上午 9 时 15 分，茶役听到房间里有呻吟声，知有异，遂以接听电话为名，敲门呼唤，余称不愿接听，强之再四，始启房门，时已脸色惨白，茶役入室瞥见桌上有遗书两封，经询问，得知其因夫妇反目而吞服鸦片。

“泥菩萨竟能说话，金镑六枚、金匣一只均付东流，布庄伙计一再受愚，可怜可笑”。1934 年 5 月 29 日的《申报》新闻讲述了下列社会故事：天津路公益洋布庄伙计顾德华，赴远东饭店访友，瞥见 214 房间门首悬有相士“宦游客”谈相招牌，颇为好奇，便入室请看相。室内有一年轻相士，自称为宦游客之弟子，并自诩已得其师之秘，堪承衣钵。相士称顾德华命运恶劣，须将星宿解除，否则难逃巨劫，先索相面款四元八角，又索解星宿款金镑六枚。后来又搬出师父，以泥菩萨为其算命，称其能发财获金 30 万，顾德华深信异灵，连续被骗，共损失 534 元。其款系布庄里私挪，同事发现后才报警处理。

南市万生染织厂经营者黄载之，浙江人，薄具资产，致被匪徒垂涎。1929 年 12 月中旬，忽接匿名恐吓信一封，索要巨款，内还附子弹两粒。黄载之起初并不在意，因为此类恐吓举动，在上海已数见不鲜，遂置之不理。但是后来又连续接到两封信，函内约定到福州路的中和旅馆会面交款。黄载之无奈之下，选择报警，市公安局接警后，派探员来到中和旅馆，并向工部局巡捕房报告，请求协助。黄载之请其代表黄焕章出面处理。警方乃令黄焕章化名王仁山，入住中和旅馆 28 号房，众探员则潜伏在四周。待到下午 3 时许，匪徒突来电话，先询问黄焕章的容貌服装，然后嘱他购买报纸一份，速至西藏路、北海路转角的远东饭店门口手持报纸，装着阅读的样子，自有人会前来接洽。警方闻讯，请黄焕章按照匪徒的要求办理。警方先派人到远东饭店埋伏，黄焕章随后赶到。抵达远东饭店门口后，黄焕章持报阅读时，即有三个匪徒向其靠近，未及谈话时，埋伏在暗处的探员一拥而上，当即抓捕两人，一人趁隙逃走。《申报》记者有关此事件的新闻标题为"远东饭店门口阅报，吓诈匪徒约往谈判，探捕等埋伏四周，三匪徒拿获其二"。远东饭店门口，行人稠密，车马往来如织，匪徒选择此处为接头地点，也是熟悉街区情况的决策。

那个冬日的下午，在饭店的门口持报接头，不是间谍传递情报，也不是地下组织的暗号，而是匪徒索取钱财，这也是旧上海街头的一道风景吧。

右图　北海路一侧的远东饭店

从东方饭店的晒台向外眺望
近代上海的城市"绿肺"跑马场即在眼前
图为东方饭店北海路一侧的晒台

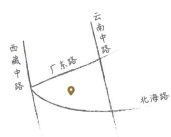

东方饭店的晒台

西藏中路 120 号，现上海工人文化宫

20 世纪 20 年代，华商的旅馆事业进入发达期。在西藏路跑马厅周边，聚集着远东、爵禄、一品香、世界等饭店。静安寺路（今南京西路）有华安、沧州饭店，更西边有花园饭店。南京路、浙江路有三大百货公司开设的大东（永安）、新新、东亚（先施）饭店。再往东有安东、新惠中饭店。到 1930 年初，新落成的有四马路神州饭店之南部、西藏路的大中华饭店。同年底，神州饭店北部、五马路中央饭店亦将营业。

跑马厅东边的一块土地，位于云南路、北海路、西藏路、广东路等四条马路之间的黄金地段，大三角形，地居冲要，位置绝胜。有人说，如果在这里建一个游戏场或大旅馆，一定会有高额利润回报。

这一带系龙园书场旧址，原为蓄鸟、听书、"吃饭无事做朋友"之集合地。土地与房屋为英商新沙逊洋行所有。孟渊旅社的老板徐孟渊早属意于此，但恐独力难支，乃与三马路东方旅社老板等人，集资40万元，联合向新沙逊洋行租用土地，租期为25年。孟渊旅社是位于三马路、湖北路西南角的西式三层建筑，建于1910年，沿马路的立面有阳台，装有铁栏杆，租期满后全部建筑归英商。东方旅社是中小型的西式旅馆，位于三马路666号，亦称老东方，由徐孟渊、陈杏春、童雨香等人创设。1931年1月17日夜，左联作家柔石、胡也频、李伟森、殷夫和冯铿等在东方旅社被捕，不久在龙华警备司令部被杀害。有回忆文章说是东方饭店，但其实是老东方，即三马路的东方旅社。

显然，徐孟渊等沪上旅馆业能人看中新的土地，就是想在中小型西式旅社的基础上，兴建与大上海相配的大型高档西式旅馆。英商新沙逊洋行见有利可图，自然乐意。1928年8月，徐孟渊等人付款以后，计划立即动工拆屋，兴建大楼，但习惯在热闹地段居住的房客不从，群起反对。新沙逊洋行以房客拖欠租资为理由，勒令迁出，并以停止供应自来水为要挟。房客中虽有欠租情形，但并非全部，而且租期未满，因此房客集群提出抗议，欠租者愿在限期内一律付清欠租，而全体房客应在租期满后再迁出，抗议的理由非常正当。但新沙逊洋行已与新租方签约，于是请捕房前来知照限期迁出。房客代表乃聘请律师向法院起诉，法院受理后令暂缓动工，于是建设事项不得不拖延了不少时日。

1929 年春，东方饭店工程开始动工，新沙逊洋行承包，计 28 万元。11 月大楼建成，七层建筑，与跑马厅大看台遥相对峙，时有"巍峨雄壮巨厦"之称。12 月 17 日，为这座即将开幕饭店作宣传，投资方假座三马路老东方旅社的大厅，宴请上海各报记者百余名。宴席间，竟然纷纷"飞笺召花"，就连生平从来未征花之小日报主笔尤半狂，亦作征花"王老五"。所谓"飞笺召花"，即以饭店的局票信笺，传唤邻近的艺妓，而三马路正位于福州路风化街中心。东方饭店后来成为沪上花天酒地的名所，应从老东方的那场欢宴算起吧。

1930 年 4 月 24 日，东方饭店正式开幕。"巍巍新屋，珠帘卷雨，画栋飞云，形式非常美观。"入夜以后，电炬与霓虹灯光芒映射出这座淡黄色建筑物之轮廓，更加诱人。东方饭店的建筑吸引了大批摄影家群往摄影，认为是 1930 年上海首先落成之第一伟大建筑。

东方饭店的广告，强调了地段的优势与服务的特点：本饭店在西藏路南端，与法租界相距极近，地点适中，交通便利；建筑宏固，装饰富丽，最上层有屋顶花园，登临远眺，可扩胸襟；房间宽大，器具精美，空气清爽，光线充足，

宜冬亦宜于夏；上海旅馆大多喧闹，歌唱彻夜不绝，本饭店特将第五层辟为清静楼，规定深夜后不得玩牌、召妓，俾喜静厌烦之旅客得以安睡。

东方饭店有 300 余间客房，房间价格自一元至七元，四元以上房间都有浴室。每个房间都装有电扇，较大的房间采用大叶电扇，小的房间备摇头转扇。寒冬季节则有热水汀。房间布置简洁，壁纸上饰有艺术性的花纹。曾有人提出，若能把房内的色调混合而调和，更能促进室内的优良气氛，因为它是处于三岔路的顶点，斜对面是跑马厅的庞大空地，每个房间的空气流畅是不成问题的。

上海的饭店，大多附设跳舞厅、弹子房等，但是东方饭店另辟蹊径，在一层开办一个大书场。说书乃最文静的消遣，并无喧闹嘈杂之弊，对于旅客之安宁，绝无妨碍。鉴于普通书场建筑不宜集音，座位也很草率，东方饭店对此进行改良，各种凳椅，务求舒适精美。《新春秋》评论道："东方饭店书场布置周到，说者硬档，票价之低廉，无异于简陋之书场，老听客乐意前往，乃周边居住者之幸事。"

此外，东方饭店还顺应当时上海的时髦，特设东方广播电台，各房间均置一台收音机，旅客枯疲的精神调节有了着落，亦为上海旅馆业的一大特色。

作为"上海地方生活素描之三"，洪深（1894—1955）为《良友》画报写过题为《大饭店》的文章。对于上海旅馆业

发达的经济理由，洪深有独特的见解："上海的地价高，一般人所住的房子都很小，并且有几个人家合住一宅的。所以在上海，只有那有钱人才能在家里宴客；普通人家的宴乐饮赌，总是到菜馆和到旅馆里'开房间'的。这里，现代的享乐工具，应有尽有；一个每月只赚50块钱的人，在'开房间'的一天，他可以生活得像赚500块钱的人一样。摩登家具，电话，电扇，收音机，中菜部，西菜部，侍候不敢不周到的茶房，这一天小市民在旅馆里，和百万富翁在他的私家花园里，气焰没有什么两样。"

洪深曾在上海徐汇公学、南洋公学读书，在北京清华学校毕业后，赴美留学，先后在俄亥俄州立大学、哈佛大学学习。1922年回上海，任职于复旦大学、暨南大学，并进入电影界，成为中国电影的开拓者之一。在东方饭店"开房间"也是洪深的上海生活之一。1936年1月31日，上海的《铁报》以《东方饭店开长期房间，洪深教授埋头苦干》的标题，记述洪深开房间的实情："洪深，留学美国，研究戏剧与电影。回国后导演的电影不能过分卖钱，往青岛教书，假期回上海，好像是休养，其实很忙。在东方饭店，他开长期的房间，在那里写剧本。其中为黄氏三姐妹编写的已将完成，更为明星公司编写，准备在短期内赶出二三个剧本。因为在青岛的执教合同尚未满期，他想在春季开学之前，将预先计划的剧本写好。"其时，洪深在青岛任山东大学外文系主任。据明星影片公司导演程步高描述，洪深的编剧方法是："酝酿复酝酿，待腹稿成熟，老规矩，到跑马厅对面，六马路口的东方饭店，开个房间，谢

右图1　东方饭店

右图2　曾在东方饭店包房写作的洪深

绝朋友访问，把自己关起来，好像老和尚坐关似的，不是念经，而是埋头写作，夜以继日，关上十天左右，电影详细台本，怀胎数月，宣告诞生了。"夏衍也有如下的回忆："我们总是十天或者半个月一次在洪深先生常住的东方饭店吃饭，海阔天空地谈话。"其实，有关东方饭店开房间的报道很多，记者捕捉洪深的新闻，均有一定的事实依据。

东方饭店的晒台，是从西藏路方向观看跑马厅的最佳观景点。很多人看过，但很少留下具体的文字，例如作家卢焚在《看人集》只有短短的一句话："我们在东方饭店开了一个房间，从晒台上可以望跑马厅。"

作家叶灵凤（1905—1975）也在东方饭店的晒台上向外观望过，他曾在上海美术专科学校学习，后来加入创造社。1933 年，作家给我们留下了图画与诗一般的文字，在他的眼里："从四层高楼上望过去，在西斜了的秋阳光中，东方饭店对面的跑马厅草地就像一幅巨大的苏俄集体图案一样，棕色的线条划着深绿的几何形，几个试马的骑师在草地上投下了斜长的身影。""马路上的车辆与行人像抬着甲虫的蚂蚁一样在来回的移动，在混杂的车声与人声中，西藏路和龙门路一带的街树和栏杆上挂的鸟儿也送上了微弱的歌声。"

叶灵凤的前一段文字，被题为《秋的马场》，收入《作文描写辞典》（刘铁冷编著，文潮书店，1943 年）。

右图　东方饭店的晒台

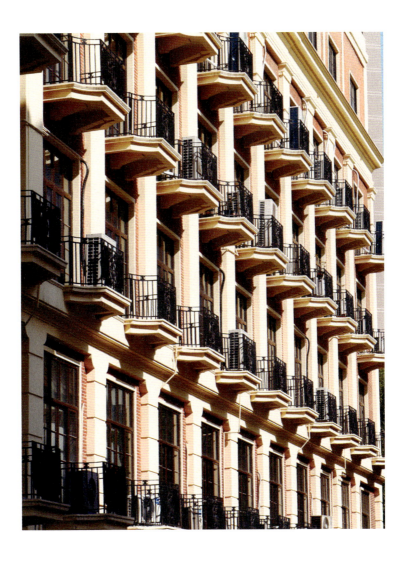

舞厅的歌曲，跑马场的风
抗日将领、反战人士的讲演之声
汇成"大中华"（Great China）的近代交响乐
图为今大中华大楼

"大中华"的时代剧

西藏中路 200 号，原大中华饭店，现为商务楼与民居

在西藏路的大旅馆中，市口最好的应是大中华饭店，其位于福州路转角处，直接面对跑马场宽阔的空地，而福州路是当时仅次于南京路的上海繁华之街。

在水泥都市的森林里，极空旷的跑马场是上海难得的一块绿肺，因此，大中华饭店在《申报》刊登大型启事称："凡住旅馆的人，莫不爱空气清新，又莫不爱交通便利，但空气足则地点冷落，交通便则尘嚣逼人，上海虽大，兼此两种优点实难其选。本饭店为欢迎旅客起见，花了许多资本，费了许多精神，觅得四马路路口、跑马场地方，建筑七层洋房，光线充足。旅客寓此者，办事既极便利，公余之暇，推窗一览，爽气迎人，悦目赏心，何等快乐。"

大中华饭店于 1927 年年末为江苏富商朱、彭等人发起，许秋帆、顾无为、杜月笙等人参股，聘请时任工部局总董的费信惇为法律顾问。1928 年出设计图样，夏天动工建设，于 1929 年 1 月建成，共花费 70 万元。与纯商人投资的旅馆不同，大中华饭店有官僚参与。股东会由原特派江苏交涉员许秋帆为董事长。开张以后，军政名流、商学巨子均喜寓此。

大中华饭店的屋顶采用当时最盛行的纯东方色调，代表"大中华"的矞皇。饭店设各类房间 160 余个，价格自 1 元至 12 元不等。大中华饭店迎送贵宾的轿车为美国通用旗下的新款雪佛兰。屋顶设花园，种植名卉奇花。夏季的晚上成为乘凉好地方，旅客在此品茗、喝冷饮，对面跑马场的凉风习习吹来，仿佛置身于人间的天上。而当行人经过该地段时，映入眼帘的必然是大中华饭店庞大的建筑物和硕大的霓虹灯。

与当时旅馆盛行跳舞一样，大中华也设立舞厅。不过，该店聘请沪上有名的"江北小开"胡炽昌来管理，其为镇江巨商胡氏之子，毕业于扬州英汉学校，1924 年来沪当电影演员。虽然在电影界并无名气，但其长于舞厅之事，曾任多家舞厅经理。大中华舞厅聘请西人乐队伴奏，各种布置均仿巴黎著名舞厅装饰，务求精美，灯光分青黄赤白蓝五色，可以随时变换。舞女的桌上，各置静雅之纱灯。大中华饭店还开办跳舞研究所，聘舞蹈专家，可在一小时内教会交际舞，无论男女均可入会。有人将"大中华饭店的酣歌漫舞"与"南京路上的车水马龙，黄浦江上的战舰艨艟和（法租界的）法国公园中的莺歌燕语"（高语罕：《青年书信》，1933年）列为上海的表象，可见该舞厅的名声。

大中华饭店也设书场，韩世昌和白云生在那里上演过昆曲《玉簪记》，因此引起文学家赵景深阅读全本原书的兴趣。林语堂在大中华饭店听"鼓王"刘宝全大鼓书已有数次，兴致很不错，对于刘之艺术甚敬佩。此皆为上海文坛的佳话。

大中华饭店落成两年后，"九一八"事变爆发。不久，日本海军陆战队在上海制造"一·二八"事变。在国难临头的时代风云中，大中华饭店成为抵抗日本侵略、宣扬爱国主义的重要活动场所。

1932年6月22日晚6时，上海各团体抗日救国联合会所属89个团体，在大中华饭店举行留别十九路军将士大会。"九一八"事变爆发后，十九路军调防上海。1932年1月28日，日军向闸北发起进攻，十九路军奋起抵抗，"为救国保种而抵抗，虽牺牲至一人一弹，绝不退缩"，成为在全国声名大噪的抗日军队。"一·二八"事变最后以外交谈判方式解决，十九路军被从上海撤下，调到福建"剿共"。5月23日，国民党军委会发出调动命令，自61师全部开抵泉州后，十九路军总部亦将入闽，以便指挥。蔡廷锴军长、

右图1 大中华饭店的广告

右图2 大中华饭店的楼顶是大翘檐的设计

右图3 大中华饭店大楼铭牌

黄强参谋长及少数高级将领，定于 6 月 23 日乘渣华公司邮船芝尼加拿号赴厦转泉。上海民众以十九路军此次在沪参加抗日战争之神勇，全市民众倚为长城，今忽远别，不无依恋，所有团体均派员参加留别大会。

张殿九，"九一八"事变时任黑龙江陆军第一旅旅长，驻屯扎兰屯、昂昂溪，并同驻屯海拉尔地区的步兵第二旅旅长兼哈满护路军司令苏炳文共同抱定绝不降日叛国的信念，约定互为犄角之势，以相配合，遏止日军进入海满地区。1932 年 9 月，成立东北民众救国军，以步一、二旅为主力，并联络海满地区的爱国民众，公开揭起抗日旗号，苏炳文为总司令，张殿九为副总司令。10 月，与日军展开激战，给予沉重打击，同年 12 月，因兵力不济，苏炳文、张殿九等率总司令部人员撤入苏境，后转道欧洲归国，来到上海。1933 年 6 月 10 日下午 3 时，张殿九在大中华饭店举行记者招待会，报告东北抗战经过。因其不久后失踪，不知所终，因此这次记者招待会，亦可视为其生前的最后一次重要活动。

在记者招待会上，张殿九讲述嫩江桥之战为最激烈，日方死伤 3000 余名，后来日军出动飞机、大炮、坦克等利器，增援不断，而我方之兵力子弹，只有减少，并无增加，当战马被炸后，牵动步兵阵营，不得已后退。在罗圈店战役中，黑龙江省主席马占山将军被包围，敌机将马将军的战马炸毙六七匹之多，部下死亡殆尽。至马将军率部攻拉哈时，"时已 9 月深秋，天寒雨雪，弟兄们尚多赤足，马主席

右图 4　百年前的地砖依然
右图 3　大中华饭店的广告
右图 2　大中华饭店的行李标签
右图 1　大中华饭店用雪佛兰厢车接送旅客

1
——
2
——
3 | 4

与韩立如等，均见而落泪。因彼等均不知何为粮，何为饷，甚至所持枪械、所骑坐马，亦均属自备者，其爱国与牺牲精神，极堪钦佩"。

谈到民气可用时，张殿九重申自己的观点：三省民众，均知抗日，虽然东北沦陷，但中华民族之自强精神，尚屹然存在；至于中国兵力，非不能与日抗，实由于枪械钝利之悬殊，假如我军有新式枪械及充分之接济，决可获胜。"本人深知东边三省人心未死，决有收复失地之一日。"

张殿九在大中华饭店召开记者招待会的五天前，马占山、苏炳文将军乘轮抵达上海，受到市政府与市民的热烈欢迎，其随员寓居大中华饭店。

1937年"八一三"淞沪抗战以后，青帮常玉清投靠日伪，在哥伦比亚路（今番禺路）设立情报部，并在大中华饭店设立暗杀队联络部，搜集抗日、亲英美人士名单、住址等，继而实施暗杀，此为当时国民政府桂林行营参谋处掌握的情报。1940年8月10日晚10时50分，汉奸毛某在大中华饭店开房消遣时，被两位青年开枪狙击，头部中二弹，左手中一弹，当即倒地身亡。这也是对饭店里常玉清暗杀队联络部的公开警告。

鹿地亘是日本反战作家，1940年7月在重庆成立"在华日人反战同盟"重庆本部，鹿地亘为本部会长。该同盟从事反战活动，包括对日军的反战宣传工作，通过编印、寄送日文反战报刊宣传品、散发传单、张贴标语、阵前喊话等形式向日军官兵进行宣传。反战同盟出版刊物《真理的斗争》，设立鹿地亘研究室，对日本的军事、政治、经济等方面进行系统研究。1945 年，毛泽东在参加重庆谈判时，曾单独接见鹿地亘夫妇，感谢他们对中国人民的抗战作出神圣的贡献。1946 年 3 月 19 日晚上 6 时，刚从重庆飞抵上海不久的鹿地亘，在寓居的大中华饭店接见记者。记者提问像连珠一般发射，当提到天皇制度时，鹿地亘认为："日本的天皇应列为战犯之一，他对这次的战祸，应负最大的责任，因为天皇对这次战祸，有绝对控制的权力，可他不设法制止。"记者的印象中，他态度沉着，谈锋刻画入骨，正显示出他反战意志的坚决。当问到日本的未来时，他说：日本人民经过这次的对外侵略战争后，已深切感到民主的重要，估计日本人民百分之六七十，都赞成民主，只要他们能团结起来，应该可以达到日本的民主和平，所以深信日本民族，此后必能成为一个和平的民族。当记者问起他对中国的印象时，鹿地亘的眼神闪动了一下，露出一脸笑容："中国是我生命的恩人，对于这次东亚的解放战，我能参加，实感无上光荣。中国有 4 亿 5000 万的人民，是一个伟大的民族，中国的前途是充满希望的，必能为东亚创造一个新时代。"

当天上午，鹿地亘的四岁孩子在寓居的大中华饭店四楼窗口向外眺望时，不慎跌入街头，紧急送到仁济医院时，已经没有知觉。但是，鹿地亘忍住悲伤，没有取消晚上的记者招待会。记者在他脸上看不到半丝伤感："他心里正燃烧着一把创造民主新日本的火炬，这火炬的光辉和炽烈，足以掩盖他奋斗八年来所遭受的一切旧创新痕。"

作为沪上第一家中国人开设的西餐厅
一品香成为国人领略西方风潮的窗口，引领一时时尚
图为今西藏中路、汉口路口的来福士广场

一品香：从番菜馆到旅社

西藏中路、汉口路口，原建筑无存，现为来福士广场

洋泾浜北边，随着西方文化的传入，番菜馆应运而生，房屋、器具皆仿洋式，装饰华丽，伺应周到，"几欲驾苏馆、津馆而上之"。苏馆有新新楼、复新园等，天津馆则拥有精致洋楼，皆为当时沪上的知名中华酒馆。番菜馆的饮膳有做茶、小食、大餐诸名色。新事物往往吸引青年人，"裙屐少年，往往异味争尝，津津乐道"，但是也有人不喜欢，《淞南梦影录》作者黄式权坦言："余掩鼻不遑矣。"据说嗜蟹如命的清道人李梅菴亦不喜欢番菜，曾对人说："吃西餐，譬如做梦。谓为未吃，仿佛已吃；谓为已吃，又仿佛未吃。"

番菜馆，即西菜馆、西餐馆，上海领风气之先的是一品香饭店，早在 1864 年就创立于福州路、山东路口，为中国人最早开设的番菜馆。此后，太平洋、新利查、倚虹楼、大观楼、一枝香等供国人饮宴的西菜馆纷纷设立。时人评价，西洋色彩最浓的，依然是一品香，每人大餐一元，做茶七角，小食五角。"刀叉件件如霜亮，楼房透亮，杯盘透光，洋花洋果都新样，吃完场，咖啡一盏，灌入九回肠。"

1882 年 7 月 26 日，电灯在上海点亮，比世界上最早使用电灯的巴黎北火车站仅晚了七年。当天，沿洋泾浜北边到虹口招商码头竖杆架线，串联 15 盏电灯。"成百上千的人带着十分羡慕与得意的神态，凝视着明亮如月的电灯。"两个月以后，外滩的英国总会点亮了电灯，接着就是福州路，一品香便是华商中最早使用电灯的店家之一。

饭店兼营旅社事业，亦从一品香开始。1913 年，一品香从福州路迁移到西藏路、三马路（汉口路）口，此为华商创办大旅馆之最早者。除了番菜以外，又增加中菜的营业，因此，店名的全称是"一品香中西菜旅社"。

1919 年 9 月，新建一幢三层中西合璧的建筑，"房逾百数，下有巨厅，足容半千之客，上辟屋顶可作游息之场"。新楼建成时，招待各界百余人前来参观，朱葆三、虞洽卿等海上名人均列席。店方在大厅宴请来宾，并请人表演魔术、演唱歌曲，还在三楼放映影戏和幻灯，一时尽欢而散。1922 年 4 月，店主徐惠霖往日本游历，并调查日本旅馆业的情状，及时调整营业方针。1929 年，对房屋设备进行改革，设立热水汀、浴室、电话俱全的特等客房，满足上层人士的需求，因其设备清洁，品位高尚，成为中外闻名的大饭店。

一品香位于西藏路的繁华地，对面就是跑马场的空地，视野宽阔。日本作家村松梢风，曾在一品香住宿，他在《魔都》里写道："又有一天早上，雾很重。打开窗户向外一看，见到在大雾笼罩下的跑马场内正在练习跑马。雾渐渐散去之后，马的雄姿和骑手的英姿也清晰起来。"在多雾的上海，作家见证了江南都市的另一种风景。

舞会来源于西方，它是跳交谊舞的集会，也是讲究礼仪、展现个人魅力的社交活动。上海开埠初期，外国妇女很少。1864 年，英国共济会举办上海租界第一场舞会，据说当时的男女比例是 10：1。随着外国妇女数量的增加，渐渐达到举办大型舞会所需要的男女比例。上海最早的交谊舞，出现在外白渡桥旁的礼查饭店和南京西路的卡尔登舞厅。每周末晚上举行交谊舞会，直到深夜才散。参加者都是外国人。1922 年 8 月 19 日，一品香仿效外国人的社交方式，发起礼拜六会，举行交谊舞活动，跳舞之风开始在中国人社会蔓延开来。

一品香舞宴的第一天，场外悬五色旗，场内满悬万国旗及红绿电灯，还聘请专门乐队演奏。中菜每席 12 元，西餐每客 2 元。晚上 7 时，宴会正式开始，先由乐队奏乐，预定赴会的来宾先后入座，至 9 时半，撤去圆桌代以小方桌。

右图 1　早期的一品香饭店

右图 2　一品香的广告

西藏路　　**一品香**　　三馬路口

新的一品香、
近來已大加修
飾、和以前的
老大一品香、
完全不同、所
有中西大菜、
由最著名的一
枝香大餐館承
辦、各住房亦
全部從新裝置
、而室中之椅
桌床櫥等等、
亦完全採用最
新式者、冬令
水汀亦已裝竣
、各界人士、
盍興乎來

10 时，舞会正式开始。此为中国人的饭店举行欧美式社交跳舞的第一次。8 月 27 日，举行第二次舞会，场外绘有广告，不准召妓。场口有专人接待，凡非预定舞宴者，皆须购票入场，秩序极为整齐。七时半宴会开席，菲律宾乐队五人 9 时入场奏乐，来宾应乐入舞，至 12 时结束。

1928 年 4 月，一品香设立名为"桃花宫"的专用舞厅。桃花宫拥有欧笑风、杨佩英等 20 余名舞女，还经常聘请场外的中西舞女，佐客跳舞。此外，桃花宫邀请巴黎歌舞团等来场演出中外歌舞节目。对待舞客，除奉送茶点外，还赠送外国的金月牌香烟。桃花宫位于一品香的西北部，四周壁上饰以绒地黑花墙布，满悬大蟠桃式壁灯，灯内电炬灿烂，灯外绘红桃显耀。乐台居厅之正中，布置精美。台前即舞场，右侧为舞星座。内悬之灯光透过妃色绸而出，射耀人面，"与四隅之桃花相辉映，于是人面桃花相映红"。

"到一品香吃大餐"，是当时上海的一种时尚。宴请、婚礼以及带有重要政治议题的聚会，自然优先选择一品香。1922 年 6 月 12 日，江苏公团联合会在一品香宴请各界，思想家章太炎、曾任护法军政府参谋次长的钮惕生、曾任广东军政府顾问的张溥泉等百余人出席。与会者讨论法律与政治的问题，议电北京，否认黎元洪复职。

英商正广和汽水厂创设于 1864 年，与一品香同龄，其"正本清源，广泛流通，和颜悦色"的宗旨以及锯齿形的图案，为市民所熟知。1924 年 3 月 3 日，正广和六十周年纪

右图　在一品香举行婚礼的新人

念大会在一品香举行，中外来宾三百余人出席。纪念会特
备盛宴，并有各种游艺活动，以娱来宾。最后由公司总经
理报告六十年来营业发展之经过，并摄影纪念，颇极一时
之盛。

1931 年 6 月 17 日晚，因圣约翰大学校长卜舫济夫妇暂时
回国，圣约翰上海同学会在一品香大厅举行践行会。会长
俞鸿钧特请校务主任沈嗣良夫妇作陪。上海同学会赠卜舫
济校长大银盾一座，作为纪念，上有"诲人不倦"的题词。

英国大哲学家罗素（1872—1970）于 1920 年 7 月 12 日
来中国讲学，上海是第一站，住宿的旅馆是一品香。同月
15 日上午 10 时，罗素在旅馆接受《申报》记者的采访，

他坐在安乐椅上，手持烟斗，与记者谈话时，烟斗之烟缕缕而上，并款以记者烟茶，殷勤和蔼。谈话要点为美国将于 20 世纪执全世界之牛耳，即美国将为世界之领袖。次日中午，罗素应邀参观申报馆，并进午餐。

1926 年 1 月，日本唯美派作家谷崎润一郎访问上海，经友人推荐，入住一品香。不久，谷崎即在内山书店结识田汉、郭沫若等中国文人，畅谈日本作品的译介与中国话剧的情况。散会后，谈兴未阑，谷崎又约郭沫若、田汉从北四川路坐车回旅馆，继续把酒畅谈，直至深夜 12 时。同月 29日下午 2 时，以欧阳予倩、田汉为主席的上海文艺消寒会特意在徐家汇路 10 号新少年影片公司为谷崎润一郎访问上海举行盛大欢迎会："谷崎先生，我们上海几个文艺界的朋友有消寒会的组织，欲借以破年来沉闷的空气，难得先生适来上海，敢请惠然命驾，来此一乐。"当天，云集中国文艺界八九十人，其中有洋画家陈抱一、漂泊诗人王独清、戏剧画家关良、电影导演任矜苹等，主客在友好气氛中畅饮欢谈，"天真烂漫至极点"，谷崎润一郎最后因酒醉，由郭沫若架扶着回一品香旅馆。在客房里，谷崎呕吐得厉害，郭沫若用冷毛巾敷在他额头上，助其醒酒。

中国名人宿泊一品香，有更多的记录。如 1923 年 7 月，蔡元培经上海赴欧洲，在一品香住宿，并在旅馆接受记者的采访。1934 年 8 月，徐悲鸿携夫人在完成欧洲的中国现代美术展后回沪，也暂寓一品香。

一品香也是电影的取景地，如 1926 年摄制的国产电影
《伪君子》，讲述青年林国杰从美国回来救母的故事，其回
沪投宿旅馆的一幕，导演借一品香的大门做配景。当演员
的车子经过热闹的街市时，已经引起不少人注意，车子到
一品香门口的时候，市民瞧见摄影师扛着摄影机下来，便
将那门口围起来看热闹。一品香的大门进入电影镜头，成
为上海电影博物馆的宝贵资料。

因一品香中西菜旅社的著名，一种名为"一品香"的润肤品
也应运而生。精制商品的五洲药房，以"美丽的女明星"为
题，迎合城市女性爱美的心理，打出"一流大明星，喜用
一品香"的广告。五洲药房是 1907 年创立的著名华商西药
房，其以"一流"配"一品"，不失为商业广告的好创意。

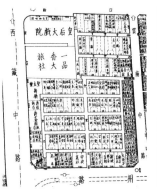

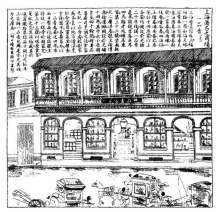

后记

本书是南京东路街道特别策划的南京东路街区"历史与风景"系列丛书的第二本。《南京路》《洋泾浜北边》《上海地标》，三本书浓缩近代上海都市的发展，完美体现南京东路街区的三大区域与文化品位，优雅又高贵。建筑与街区的散步，既是历史的叙事，亦是对土地的眷恋。能参与本书的写作，十分荣幸。

近年来，南东街道一直致力人文之城的探索和实践。2017年，与上海社科院历史研究所合作出版了《城市之心——南京东路街区百年变迁》一书，系统梳理了街区百年的历史文脉和底蕴；还整理汇编了50个历史建筑和13条百年里弄的故事，制作二维码安装于历史建筑外墙，供行人游客迅速、直观地了解到建筑背后、里弄里面的历史故事。2018 年，联合上海城市规划展示馆、黄浦区档案馆共同举办"城市之心——南京东路街区百年变迁"展览。今年 4 月 23 日世界读书日起，与上海人民出版社、上海扬子精品酒店共同主办"行走城市之心，品味海派文化"系列活动，并计划通过出版系列书籍，推出各条微旅行路线，全面、立体地展现上海城区的文化底蕴、历史文脉、街区魅力。

应南京东路街道与出版社的邀请，著名的 DP 红砖文化为本书作整体设计，运用与之贴合的元素，创造阅读的氛围，使本书成为"阅读上海"的一份礼物。红砖是都市的亮色，该团队的设计理念亦然。

上海人民出版社法律与社会中心副主任张晓玲在百忙之中承接本书的编辑工作，灵感、认真、敬业，均在工作中闪亮体现。为了策划散步路线，街区处处留下她辛苦考察的汗水。年轻的编辑张晓婷亦尽心尽力，为本书的编辑工作作出很大的努力。

本书图片的拍摄与收集，得到"外滩以西"公众号张军先生、"城市考古"创始人徐明先生、上海图书馆李颖女士和友人徐蔚女士的大力协助。

谨示感谢。继续努力！

陈祖恩

2021 年 5 月

图书在版编目(CIP)数据

洋泾浜北边:历史与风景/陈祖恩著. —上海：
上海人民出版社,2021
ISBN 978 - 7 - 208 - 17060 - 5

Ⅰ.①洋… Ⅱ.①陈… Ⅲ.①上海-地方史-近代
Ⅳ.①K295.1

中国版本图书馆 CIP 数据核字(2021)第 073393 号

特别策划　南京东路街道
责任编辑　张晓玲　张晓婷
装帧设计　DP 红砖文化
现场摄影　陈祖恩　等
手绘地图　左　雅

洋泾浜北边:历史与风景

陈祖恩　著

出　　版　上海人民出版社
　　　　　（200001　上海福建中路193号）
发　　行　上海人民出版社发行中心
印　　刷　上海雅昌艺术印刷有限公司
开　　本　720×1000　1/16
印　　张　16
插　　页　4
字　　数　166,000
版　　次　2021年6月第1版
印　　次　2021年6月第1次印刷
ISBN 978 - 7 - 208 - 17060 - 5/K · 3076
定　　价　88.00 元